T&P BOOKS

KIRGISISCH
WORTSCHATZ

FÜR DAS SELBSTSTUDIUM

DEUTSCH
KIRGISISCH

Die nützlichsten Wörter
Zur Erweiterung Ihres Wortschatzes und
Verbesserung der Sprachfertigkeit

3000 Wörter

Wortschatz Deutsch-Kirgisisch für das Selbststudium - 3000 Wörter
Von Andrey Taranov

T&P Books Vokabelbücher sind dafür vorgesehen, beim Lernen einer Fremdsprache zu helfen, Wörter zu memorieren und zu wiederholen. Das Wörterbuch ist nach Themen aufgeteilt und deckt alle wichtigen Bereiche des täglichen Lebens, Berufs, Wissenschaft, Kultur etc. ab.

Durch das Benutzen der themenbezogenen T&P Books ergeben sich folgende Vorteile für den Lernprozess:

- Sachgemäß geordnete Informationen bestimmen den späteren Erfolg auf den darauffolgenden Stufen der Memorisierung
- Die Verfügbarkeit von Wörtern, die sich aus der gleichen Wurzel ableiten lassen, erlaubt die Memorisierung von Worteinheiten (mehr als bei einzeln stehenden Wörtern)
- Kleine Worteinheiten unterstützen den Aufbauprozess von assoziativen Verbindungen für die Festigung des Wortschatzes
- Die Kenntnis der Sprache kann aufgrund der Anzahl der gelernten Wörter eingeschätzt werden

T&P Books Publishing
www.tpbooks.com

ISBN: 978-1-78767-044-0

Dieses Buch ist auch im E-Book Format erhältlich.
Besuchen Sie uns auch auf www.tpbooks.com oder auf einer der bedeutenden Buchhandlungen online.

WORTSCHATZ DEUTSCH-KIRGISISCH
für das Selbststudium

Die Vokabelbücher von T&P Books sind dafür vorgesehen, Ihnen beim Lernen einer Fremdsprache zu helfen, Wörter zu memorieren und zu wiederholen. Der Wortschatz enthält über 3000 häufig gebrauchte, thematisch geordnete Wörter.

- Der Wortschatz enthält die am häufigsten benutzten Wörter
- Eignet sich als Ergänzung zu jedem Sprachkurs
- Erfüllt die Bedürfnisse von Anfängern und fortgeschrittenen Lernenden von Fremdsprachen
- Praktisch für den täglichen Gebrauch, zur Wiederholung und um sich selbst zu testen
- Ermöglicht es, Ihren Wortschatz einzuschätzen

Besondere Merkmale des Wortschatzes:

- Wörter sind entsprechend ihrer Bedeutung und nicht alphabetisch organisiert
- Wörter werden in drei Spalten präsentiert, um das Wiederholen und den Selbstüberprüfungsprozess zu erleichtern
- Wortgruppen werden in kleinere Einheiten aufgespalten, um den Lernprozess zu fördern
- Der Wortschatz bietet eine praktische und einfache Lautschrift jedes Wortes der Fremdsprache

Der Wortschatz hat 101 Themen, einschließlich:

Grundbegriffe, Zahlen, Farben, Monate, Jahreszeiten, Maßeinheiten, Kleidung und Accessoires, Essen und Ernährung, Restaurant, Familienangehörige, Verwandte, Charaktereigenschaften, Empfindungen, Gefühle, Krankheiten, Großstadt, Kleinstadt, Sehenswürdigkeiten, Einkaufen, Geld, Haus, Zuhause, Büro, Import & Export, Marketing, Arbeitssuche, Sport, Ausbildung, Computer, Internet, Werkzeug, Natur, Länder, Nationalitäten und vieles mehr...

INHALT

LEITFADEN FÜR DIE AUSSPRACHE

T&P phonetisches Alphabet	Kirgisisch Beispiel	Deutsch Beispiel
[a]	манжа [mandʒa]	schwarz
[e]	келечек [keletʃek]	Pferde
[i]	жигит [dʒigit]	ihr, finden
[ı]	кубаныч [kubanıtʃ]	Mitte
[o]	мактоо [maktoo]	orange
[u]	узундук [uzunduk]	kurz
[ʉ]	алюминий [alʉminij]	Verzeihung
[y]	түнкү [tynky]	über, dünn
[b]	ашкабак [aʃkabak]	Brille
[d]	адам [adam]	Detektiv
[dʒ]	жыгач [dʒıgatʃ]	Kambodscha
[f]	флейта [flejta]	fünf
[g]	тегерек [tegerek]	gelb
[j]	бөйрөк [bøjrøk]	Jacke
[k]	карапа [karapa]	Kalender
[l]	алтын [altın]	Juli
[m]	бешмант [beʃmant]	Mitte
[n]	найза [najza]	nicht
[ŋ]	булуң [buluŋ]	lang
[p]	пайдубал [pajdubal]	Polizei
[r]	рахмат [raχmat]	richtig
[s]	сагызган [sagızgan]	sein
[ʃ]	бурулуш [buruluʃ]	Chance
[t]	түтүн [tytyn]	still
[χ]	пахтадан [paχtadan]	Buch
[ts]	шприц [ʃprits]	Gesetz
[tʃ]	биринчи [birintʃi]	Matsch
[v]	квартал [kvartal]	November
[z]	казуу [kazuu]	sein
[ʲ]	руль, актёр [rulʲ, aktʲor]	Zeichen für die Palatalisierung
[ʰ]	объектив [obʰjektiv]	hartes Zeichen

ABKÜRZUNGEN
die im Vokabular verwendet werden

Deutsch. Abkürzungen

Adj	-	Adjektiv
Adv	-	Adverb
Amtsspr.	-	Amtssprache
f	-	Femininum
f, n	-	Femininum, Neutrum
Fem.	-	Femininum
m	-	Maskulinum
m, f	-	Maskulinum, Femininum
m, n	-	Maskulinum, Neutrum
Mask.	-	Maskulinum
n	-	Neutrum
pl	-	Plural
Sg.	-	Singular
ugs.	-	umgangssprachlich
unzähl.	-	unzählbar
usw.	-	und so weiter
v mod	-	Modalverb
vi	-	intransitives Verb
vi, vt	-	intransitives, transitives Verb
vt	-	transitives Verb
zähl.	-	zählbar
z.B.	-	zum Beispiel

GRUNDBEGRIFFE

1. Pronomen

ich	мен, мага	men, maga
du	сен	sen
er, sie, es	ал	al
sie	алар	alar

2. Grüße. Begrüßungen

Hallo! (ugs.)	Салам!	salam!
Hallo! (Amtsspr.)	Саламатсызбы!	salamatsızbı!
Guten Morgen!	Кутман таңыңыз менен!	kutman taŋıŋız menen!
Guten Tag!	Кутман күнүңүз менен!	kutman kynyŋyz menen!
Guten Abend!	Кутман кечиңиз менен!	kutman ketʃiŋiz menen!
grüßen (vi, vt)	учурашуу	utʃuraʃuu
Hallo! (ugs.)	Кандай!	kandaj!
Gruß (m)	салам	salam
begrüßen (vt)	саламдашуу	salamdaʃuu
Wie geht's?	Иштериң кандай?	iʃteriŋ kandaj?
Wie geht es Ihnen?	Иштериңиз кандай?	iʃteriŋiz kandaj?
Wie geht's dir?	Иштер кандай?	iʃter kandaj?
Was gibt es Neues?	Эмне жаңылык?	emne dʒaŋılık?
Auf Wiedersehen!	Көрүшкөнчө!	køryʃkøntʃø!
Bis bald!	Эмки жолукканга чейин!	emki dʒolukkanga tʃejin!
Lebe wohl!	Кош бол!	koʃ bol!
Leben Sie wohl!	Кош болуңуз!	koʃ boluŋuz!
sich verabschieden	коштошуу	koʃtoʃuu
Tschüs!	Жакшы кал!	dʒakʃı kal!
Danke!	Рахмат!	raχmat!
Dankeschön!	Чоң рахмат!	tʃoŋ raχmat!
Bitte (Antwort)	Эч нерсе эмес	etʃ nerse emes
Keine Ursache.	Алкышка арзыбайт	alkıʃka arzıbajt
Nichts zu danken.	Эчтеке эмес.	etʃteke emes
Entschuldige!	Кечир!	ketʃir!
Entschuldigung!	Кечирип коюңузчу!	ketʃirip kojɵŋuztʃu!
entschuldigen (vt)	кечирүү	ketʃiryy
sich entschuldigen	кечирим суроо	ketʃirim suroo
Verzeihung!	Кечирим сурайм.	ketʃirim surajm
Es tut mir leid!	Кечиресиз!	ketʃiresiz!
verzeihen (vt)	кечирүү	ketʃiryy
Das macht nichts!	Эч капачылык жок.	etʃ kapatʃılık dʒok

bitte (Die Rechnung, ~!)	суранам	suranam
Nicht vergessen!	Унутуп калбаңыз!	unutup kalbaŋız!
Natürlich!	Албетте!	albette!
Natürlich nicht!	Албетте жок!	albette dʒok!
Gut! Okay!	Макул!	makul!
Es ist genug!	Жетишет!	dʒetiʃet!

3. Fragen

Wer?	Ким?	kim?
Was?	Эмне?	emne?
Wo?	Каерде?	kaerde?
Wohin?	Каяка?	kajaka?
Woher?	Каяктан?	kajaktan?
Wann?	Качан?	katʃan?
Wozu?	Эмне үчүн?	emne ytʃyn?
Warum?	Эмнеге?	emnege?
Wofür?	Кайсы керекке?	kajsı kerekke?
Wie?	Кандай?	kandaj?
Welcher?	Кайсы?	kajsı?
Wem?	Кимге?	kimge?
Über wen?	Ким жөнүндө?	kim dʒønyndø?
Wovon? (~ sprichst du?)	Эмне жөнүндө?	emne dʒønyndø?
Mit wem?	Ким менен?	kim menen?
Wie viel? Wie viele?	Канча?	kantʃa?
Wessen?	Кимдики?	kimdiki?
Wessen? (Fem.)	Кимдики?	kimdiki?
Wessen? (pl)	Кимдердики?	kimderdiki?

4. Präpositionen

mit (Frau ~ Katzen)	менен	menen
ohne (~ Dich)	-сыз, -сиз	-sız, -siz
nach (~ London)	... көздөй	... køzdøj
über (~ Geschäfte sprechen)	... жөнүндө	... dʒønyndø
vor (z.B. ~ acht Uhr)	... астында	... astında
vor (z.B. ~ dem Haus)	... алдында	... aldında
unter (~ dem Schirm)	... астында	... astında
über (~ dem Meeresspiegel)	... өйдө	... øjdø
auf (~ dem Tisch)	... үстүндө	... ystyndø
aus (z.B. ~ München)	-дан	-dan
aus (z.B. ~ Porzellan)	-дан	-dan
in (~ zwei Tagen)	... ичинде	... itʃinde
über (~ zaun)	... үстүнөн	... ystynøn

5. Funktionswörter. Adverbien. Teil 1

Wo?	Каерде?	kaerde?
hier	бул жерде	bul ʤerde
dort	тээтигил жакта	teetigil ʤakta

irgendwo	бир жерде	bir ʤerde
nirgends	эч жакта	eʧ ʤakta

an (bei)	... жанында	... ʤanında
am Fenster	терезенин жанында	terezenin ʤanında

Wohin?	Каяка?	kajaka?
hierher	бери	beri
dahin	нары	narı
von hier	бул жерден	bul ʤerden
von da	тигил жерден	tigil ʤerden

nah (Adv)	жакын	ʤakın
weit, fern (Adv)	алыс	alıs

in der Nähe von ...	... тегерегинде	... tegereginde
in der Nähe	жакын арада	ʤakın arada
unweit (~ unseres Hotels)	алыс эмес	alıs emes

link (Adj)	сол	sol
links (Adv)	сол жакта	sol ʤakta
nach links	солго	solgo

recht (Adj)	оң	oŋ
rechts (Adv)	оң жакта	oŋ ʤakta
nach rechts	оңго	oŋgo

vorne (Adv)	астыда	astıda
Vorder-	алдыңкы	aldıŋkı
vorwärts	алдыга	aldıga

hinten (Adv)	артында	artında
von hinten	артынан	artınan
rückwärts (Adv)	артка	artka

Mitte (f)	ортосу	ortosu
in der Mitte	ортосунда	ortosunda

seitlich (Adv)	капталында	kaptalında
überall (Adv)	бүт жерде	byt ʤerde
ringsherum (Adv)	айланасында	ajlanasında

von innen (Adv)	ичинде	iʧinde
irgendwohin (Adv)	бир жерде	bir ʤerde
geradeaus (Adv)	түз	tyz
zurück (Adv)	кайра	kajra

irgendwoher (Adv)	бир жерден	bir ʤerden
von irgendwo (Adv)	бир жактан	bir ʤaktan

erstens	биринчиден	birintʃiden
zweitens	экинчиден	ekintʃiden
drittens	үчүнчүдөн	ytʃyntʃydøn

plötzlich (Adv)	күтпөгөн жерден	kytpøgøn dʒerden
zuerst (Adv)	башында	baʃinda
zum ersten Mal	биринчи жолу	birintʃi dʒolu
lange vor...	... алдында	... aldɪnda
von Anfang an	башынан	baʃɪnan
für immer	түбөлүккө	tybølykkø

nie (Adv)	эч качан	etʃ katʃan
wieder (Adv)	кайра	kajra
jetzt (Adv)	эми	emi
oft (Adv)	көпчүлүк учурда	køptʃylyk utʃurda
damals (Adv)	анда	anda
dringend (Adv)	тезинен	tezinen
gewöhnlich (Adv)	көбүнчө	købyntʃø

übrigens, ...	баса, ...	basa, ...
möglicherweise (Adv)	мүмкүн	mymkyn
wahrscheinlich (Adv)	балким	balkim
vielleicht (Adv)	ыктымал	ɪktɪmal
außerdem ...	андан тышкары, ...	andan tɪʃkarɪ, ...
deshalb ...	ошондуктан ...	oʃonduktan ...
trotz ...	... карабастан	... karabastan
dank ...	... күчү менен	... kytʃy menen

was (~ ist denn?)	эмне	emne
das (~ ist alles)	эмне	emne
etwas	бир нерсе	bir nerse
irgendwas	бир нерсе	bir nerse
nichts	эч нерсе	etʃ nerse

wer (~ ist ~?)	ким	kim
jemand	кимдир бирөө	kimdir birøø
irgendwer	бирөө жарым	birøø dʒarɪm

niemand	эч ким	etʃ kim
nirgends	эч жака	etʃ dʒaka
niemandes (~ Eigentum)	эч кимдики	etʃ kimdiki
jemandes	бирөөнүкү	birøønyky

so (derart)	эми	emi
auch	ошондой эле	oʃondoj ele
ebenfalls	дагы	dagɪ

6. Funktionswörter. Adverbien. Teil 2

Warum?	Эмнеге?	emnege?
aus irgendeinem Grund	эмнегедир	emnegedir
weil ...	... себептен	... sebepten
zu irgendeinem Zweck	эмне үчүндүр	emne ytʃyndyr
und	жана	dʒana

oder	же	ʤe
aber	бирок	birok
für (präp)	үчүн	yʧyn

zu (~ viele)	өтө эле	øtø ele
nur (~ einmal)	азыр эле	azır ele
genau (Adv)	так	tak
etwa	болжол менен	bolʤol menen

ungefähr (Adv)	болжол менен	bolʤol menen
ungefähr (Adj)	болжолдуу	bolʤolduu
fast	дээрлик	deerlik
Übrige (n)	калганы	kalganı

der andere	башка	baʃka
andere	башка бөлөк	baʃka bøløk
jeder (~ Mann)	ар бири	ar biri
beliebig (Adj)	баардык	baardık
viel	көп	køp
viele Menschen	көбү	køby
alle (wir ~)	баары	baarı

im Austausch gegen ...	... алмашуу	... almaʃuu
dafür (Adv)	ордуна	orduna
mit der Hand (Hand-)	колго	kolgo
schwerlich (Adv)	ишенүүгө болбойт	iʃenyygø bolbojt

wahrscheinlich (Adv)	балким	balkim
absichtlich (Adv)	атайын	atajın
zufällig (Adv)	кокустан	kokustan

sehr (Adv)	аябай	ajabaj
zum Beispiel	мисалы	misalı
zwischen	ортосунда	ortosunda
unter (Wir sind ~ Mördern)	арасында	arasında
so viele (~ Ideen)	ошончо	oʃonʧo
besonders (Adv)	өзгөчө	øzgøʧø

ZAHLEN. VERSCHIEDENES

7. Grundzahlen. Teil 1

null	нөл	nøl
eins	бир	bir
zwei	эки	eki
drei	үч	ytʃ
vier	төрт	tørt
fünf	беш	beʃ
sechs	алты	altı
sieben	жети	dʒeti
acht	сегиз	segiz
neun	тогуз	toguz
zehn	он	on
elf	он бир	on bir
zwölf	он эки	on eki
dreizehn	он үч	on ytʃ
vierzehn	он төрт	on tørt
fünfzehn	он беш	on beʃ
sechzehn	он алты	on altı
siebzehn	он жети	on dʒeti
achtzehn	он сегиз	on segiz
neunzehn	он тогуз	on toguz
zwanzig	жыйырма	dʒıjırma
einundzwanzig	жыйырма бир	dʒıjırma bir
zweiundzwanzig	жыйырма эки	dʒıjırma eki
dreiundzwanzig	жыйырма үч	dʒıjırma ytʃ
dreißig	отуз	otuz
einunddreißig	отуз бир	otuz bir
zweiunddreißig	отуз эки	otuz eki
dreiunddreißig	отуз үч	otuz ytʃ
vierzig	кырк	kırk
zweiundvierzig	кырк эки	kırk eki
dreiundvierzig	кырк үч	kırk ytʃ
fünfzig	элүү	elyy
einundfünfzig	элүү бир	elyy bir
zweiundfünfzig	элүү эки	elyy eki
dreiundfünfzig	элүү үч	elyy ytʃ
sechzig	алтымыш	altımıʃ
einundsechzig	алтымыш бир	altımıʃ bir
zweiundsechzig	алтымыш эки	altımıʃ eki

dreiundsechzig	алтымыш үч	altımıʃ ytʃ
siebzig	жетимиш	dʒetimiʃ
einundsiebzig	жетимиш бир	dʒetimiʃ bir
zweiundsiebzig	жетимиш эки	dʒetimiʃ eki
dreiundsiebzig	жетимиш үч	dʒetimiʃ ytʃ

achtzig	сексен	seksen
einundachtzig	сексен бир	seksen bir
zweiundachtzig	сексен эки	seksen eki
dreiundachtzig	сексен үч	seksen ytʃ

neunzig	токсон	tokson
einundneunzig	токсон бир	tokson bir
zweiundneunzig	токсон эки	tokson eki
dreiundneunzig	токсон үч	tokson ytʃ

8. Grundzahlen. Teil 2

einhundert	бир жүз	bir dʒyz
zweihundert	эки жүз	eki dʒyz
dreihundert	үч жүз	ytʃ dʒyz
vierhundert	төрт жүз	tørt dʒyz
fünfhundert	беш жүз	beʃ dʒyz

sechshundert	алты жүз	altı dʒyz
siebenhundert	жети жүз	dʒeti dʒyz
achthundert	сегиз жүз	segiz dʒyz
neunhundert	тогуз жүз	toguz dʒyz

eintausend	бир миң	bir miŋ
zweitausend	эки миң	eki miŋ
dreitausend	үч миң	ytʃ miŋ
zehntausend	он миң	on miŋ
hunderttausend	жүз миң	dʒyz miŋ
Million (f)	миллион	million
Milliarde (f)	миллиард	milliard

9. Ordnungszahlen

der erste	биринчи	birintʃi
der zweite	экинчи	ekintʃi
der dritte	үчүнчү	ytʃyntʃy
der vierte	төртүнчү	tørtyntʃy
der fünfte	бешинчи	beʃintʃi

der sechste	алтынчы	altıntʃı
der siebte	жетинчи	dʒetintʃi
der achte	сегизинчи	segizintʃi
der neunte	тогузунчу	toguzuntʃu
der zehnte	онунчу	onuntʃu

FARBEN. MAßEINHEITEN

10. Farben

Farbe (f)	түс	tys
Schattierung (f)	кошумча түс	koʃumʧa tys
Farbton (m)	кубулуу	kubuluu
Regenbogen (m)	күндүн кулагы	kyndyn kulagı
weiß	ак	ak
schwarz	кара	kara
grau	боз	boz
grün	жашыл	ʤaʃıl
gelb	сары	sarı
rot	кызыл	kızıl
blau	көк	køk
hellblau	көгүлтүр	køgyltyr
rosa	мала	mala
orange	кызгылт сары	kızgılt sarı
violett	сыя көк	sıja køk
braun	күрөң	kyrøŋ
golden	алтын түстүү	altın tystyy
silbrig	күмүш өңдүү	kymyʃ øŋdyy
beige	сары боз	sarı boz
cremefarben	саргылт	sargılt
türkis	бирюза	birʉza
kirschrot	кочкул кызыл	koʧkul kızıl
lila	кызгылт көгүш	kızgılt køgyʃ
himbeerrot	ачык кызыл	aʧık kızıl
hell	ачык	aʧık
dunkel	күңүрт	kyŋyrt
grell	ачык	aʧık
Farb- (z.B. -stifte)	түстүү	tystyy
Farb- (z.B. -film)	түстүү	tystyy
schwarz-weiß	ак-кара	ak-kara
einfarbig	бир өңчөй түстө	bir øŋʧøj tystø
bunt	ар түрдүү түстө	ar tyrdyy tystø

11. Maßeinheiten

Gewicht (n)	салмак	salmak
Länge (f)	узундук	uzunduk

Breite (f)	жазылык	dʒazılık
Höhe (f)	бийиктик	bijiktik
Tiefe (f)	терендик	terendik
Volumen (n)	көлөм	køløm
Fläche (f)	аянт	ajant

Gramm (n)	грамм	gramm
Milligramm (n)	миллиграмм	milligramm
Kilo (n)	килограмм	kilogramm
Tonne (f)	тонна	tonna
Pfund (n)	фунт	funt
Unze (f)	унция	untsija

Meter (m)	метр	metr
Millimeter (m)	миллиметр	millimetr
Zentimeter (m)	сантиметр	santimetr
Kilometer (m)	километр	kilometr
Meile (f)	миля	milʲa

Zoll (m)	дюйм	dʉjm
Fuß (m)	фут	fut
Yard (n)	ярд	jard

| Quadratmeter (m) | квадраттык метр | kvadrattık metr |
| Hektar (n) | гектар | gektar |

Liter (m)	литр	litr
Grad (m)	градус	gradus
Volt (n)	вольт	volʲt
Ampere (n)	ампер	amper
Pferdestärke (f)	ат күчү	at kytʃy

Anzahl (f)	саны	sanı
etwas ...	... бир аз	... bir az
Hälfte (f)	жарым	dʒarım
Dutzend (n)	он эки даана	on eki daana
Stück (n)	даана	daana

| Größe (f) | чоңдук | tʃoŋduk |
| Maßstab (m) | өлчөмчен | øltʃømtʃen |

minimal (Adj)	минималдуу	minimalduu
der kleinste	эң кичинекей	eŋ kitʃinekej
mittler, mittel-	орточо	ortotʃo
maximal (Adj)	максималдуу	maksimalduu
der größte	эң чоң	eŋ tʃoŋ

12. Behälter

Glas (Einmachglas)	банка	banka
Dose (z.B. Bierdose)	банка	banka
Eimer (m)	чака	tʃaka
Fass (n), Tonne (f)	бочка	botʃka
Waschschüssel (n)	дагара	dagara

Tank (m)	бак	bak
Flachmann (m)	фляжка	flʲadʒka
Kanister (m)	канистра	kanistra
Zisterne (f)	цистерна	ʦɪsterna
Kaffeebecher (m)	кружка	krudʒka
Tasse (f)	чөйчөк	ʧøjʧøk
Untertasse (f)	табак	tabak
Wasserglas (n)	ыстакан	ɪstakan
Weinglas (n)	бокал	bokal
Kochtopf (m)	мискей	miskej
Flasche (f)	бөтөлкө	bøtølkø
Flaschenhals (m)	оозу	oozu
Karaffe (f)	графин	grafin
Tonkrug (m)	кумура	kumura
Gefäß (n)	идиш	idiʃ
Tontopf (m)	карапа	karapa
Vase (f)	ваза	vaza
Flakon (n)	флакон	flakon
Fläschchen (n)	кичине бөтөлкө	kiʧine bøtølkø
Tube (z.B. Zahnpasta)	тюбик	tʉbik
Sack (~ Kartoffeln)	кап	kap
Tüte (z.B. Plastiktüte)	пакет	paket
Schachtel (f) (z.B. Zigaretten~)	пачке	paʧke
Karton (z.B. Schuhkarton)	куту	kutu
Kiste (z.B. Bananenkiste)	үкөк	ykøk
Korb (m)	себет	sebet

DIE WICHTIGSTEN VERBEN

13. Die wichtigsten Verben. Teil 1

abbiegen (nach links ~)	бурулуу	buruluu
abschicken (vt)	жөнөтүү	dʒønøtyy
ändern (vt)	өзгөртүү	øzgørtyy
andeuten (vt)	четин чыгаруу	tʃetin tʃɪgaruu
Angst haben	жазкануу	dʒazkanuu
ankommen (vi)	келүү	kelyy
antworten (vi)	жооп берүү	dʒoop beryy
arbeiten (vi)	иштөө	iʃtøø
auf … zählen	… ишенүү	… iʃenyy
aufbewahren (vt)	сактоо	saktoo
aufschreiben (vt)	кагазга түшүрүү	kagazga tyʃyryy
ausgehen (vi)	чыгуу	tʃɪguu
aussprechen (vt)	айтуу	ajtuu
bedauern (vt)	өкүнүү	økynyy
bedeuten (vt)	билдирүү	bildiryy
beenden (vt)	бүтүрүү	bytyryy
befehlen (Milit.)	буйрук кылуу	bujruk kɪluu
befreien (Stadt usw.)	бошотуу	boʃotuu
beginnen (vt)	баштоо	baʃtoo
bemerken (vt)	байкоо	bajkoo
beobachten (vt)	байкоо салуу	bajkoo
berühren (vt)	тийүү	tijyy
besitzen (vt)	ээ болуу	ee boluu
besprechen (vt)	талкуулоо	talkuuloo
bestehen auf	көшөрүү	køʃøryy
bestellen (im Restaurant)	буйрутма кылуу	bujrutma kɪluu
bestrafen (vt)	жазалоо	dʒazaloo
beten (vi)	дуба кылуу	duba kɪluu
bitten (vt)	суроо	suroo
brechen (vt)	сындыруу	sɪndɪruu
denken (vi, vt)	ойлоо	ojloo
drohen (vi)	коркутуу	korkutuu
Durst haben	суусап калуу	suusap kaluu
einladen (vt)	чакыруу	tʃakɪruu
einstellen (vt)	токтотуу	toktotuu
einwenden (vt)	каршы болуу	karʃɪ boluu
empfehlen (vt)	сунуштоо	sunuʃtoo
erklären (vt)	түшүндүрүү	tyʃyndyryy
erlauben (vt)	уруксат берүү	uruksat beryy

ermorden (vt)	өлтүрүү	øltyryy
erwähnen (vt)	айтып өтүү	ajtıp øtyy
existieren (vi)	чыгуу	ʧıguu

14. Die wichtigsten Verben. Teil 2

fallen (vi)	жыгылуу	ʤıgıluu
fallen lassen	түшүрүп алуу	tyʃyryp aluu
fangen (vt)	кармоо	karmoo
finden (vt)	таап алуу	taap aluu
fliegen (vi)	учуу	uʧuu
folgen (Folge mir!)	... ээрчүү	... eerʧyy
fortsetzen (vt)	улантуу	ulantuu
fragen (vt)	суроо	suroo
frühstücken (vi)	эртең менен тамактануу	erteŋ menen tamaktanuu
geben (vt)	берүү	beryy
gefallen (vi)	жактыруу	ʤaktıruu
gehen (zu Fuß gehen)	жөө басуу	ʤøø basuu
gehören (vi)	таандык болуу	taandık boluu
graben (vt)	казуу	kazuu
haben (vt)	бар болуу	bar boluu
helfen (vi)	жардам берүү	ʤardam beryy
herabsteigen (vi)	ылдый түшүү	ıldıj tyʃyy
hereinkommen (vi)	кирүү	kiryy
hoffen (vi)	үмүттөнүү	ymyttønyy
hören (vt)	угуу	uguu
hungrig sein	ачка болуу	aʧka boluu
informieren (vt)	маалымат берүү	maalımat beryy
jagen (vi)	аңчылык кылуу	aŋʧılık kıluu
kennen (vt)	таануу	taanuu
klagen (vi)	арызлануу	arızdanuu
können (v mod)	жасай алуу	ʤasaj aluu
kontrollieren (vt)	башкаруу	baʃkaruu
kosten (vt)	туруу	turuu
kränken (vt)	кемсинтүү	kemsintyy
lächeln (vi)	жылмаюу	ʤılmaʤʉu
lachen (vi)	күлүү	kylyy
laufen (vi)	чуркоо	ʧurkoo
leiten (Betrieb usw.)	башкаруу	baʃkaruu
lernen (vt)	окуу	okuu
lesen (vi, vt)	окуу	okuu
lieben (vt)	сүйүү	syjyy
machen (vt)	кылуу	kıluu
mieten (Haus usw.)	батирге алуу	batirge aluu
nehmen (vt)	алуу	aluu
noch einmal sagen	кайталоо	kajtaloo

nötig sein	керек болуу	kerek boluu
öffnen (vt)	ачуу	atʃuu

15. Die wichtigsten Verben. Teil 3

planen (vt)	пландаштыруу	plandaʃtıruu
prahlen (vi)	мактануу	maktanuu
raten (vt)	кеңеш берүү	keŋeʃ beryy
rechnen (vt)	саноо	sanoo
reservieren (vt)	камдык буйрутмалоо	kamdık bujrutmaloo

retten (vt)	куткаруу	kutkaruu
richtig raten (vt)	жандырмагын табуу	dʒandırmagın tabuu
rufen (um Hilfe ~)	чакыруу	tʃakıruu
sagen (vt)	айтуу	ajtuu
schaffen (Etwas Neues zu ~)	жаратуу	dʒaratuu

schelten (vt)	урушуу	uruʃuu
schießen (vi)	атуу	atuu
schmücken (vt)	кооздоо	koozdoo
schreiben (vi, vt)	жазуу	dʒazuu
schreien (vi)	кыйкыруу	kıjkıruu

schweigen (vi)	үнчүкпоо	untʃukpoo
schwimmen (vi)	сүзүү	syzyy
schwimmen gehen	сууга түшүү	suuga tyʃyy
sehen (vi, vt)	көрүү	køryy

sein (vi)	болуу	boluu
sich beeilen	шашуу	ʃaʃuu
sich entschuldigen	кечирим суроо	ketʃirim suroo

sich interessieren	... кызыгуу	... kızıguu
sich irren	ката кетирүү	kata ketiryy
sich setzen	отуруу	oturuu
sich weigern	баш тартуу	baʃ tartuu
spielen (vi, vt)	ойноо	ojnoo

sprechen (vi)	сүйлөө	syjløø
staunen (vi)	таң калуу	taŋ kaluu
stehlen (vt)	уурдоо	uurdoo
stoppen (vt)	токтоо	toktoo
suchen (vt)	... издөө	... izdøø

16. Die wichtigsten Verben. Teil 4

täuschen (vt)	алдоо	aldoo
teilnehmen (vi)	катышуу	katıʃuu
übersetzen (Buch usw.)	которуу	kotoruu
unterschätzen (vt)	баалабоо	baalaboo
unterschreiben (vt)	кол коюу	kol kojuu
vereinigen (vt)	бириктирүү	biriktiryy

vergessen (vt)	унутуу	unutuu
vergleichen (vt)	салыштыруу	salıʃtıruu
verkaufen (vt)	сатуу	satuu
verlangen (vt)	талап кылуу	talap kıluu
versäumen (vt)	калтыруу	kaltıruu
versprechen (vt)	убада берүү	ubada beryy
verstecken (vt)	жашыруу	dʒaʃiruu
verstehen (vt)	түшүнүү	tyʃynyy
versuchen (vt)	аракет кылуу	araket kıluu
verteidigen (vt)	коргоо	korgoo
vertrauen (vi)	ишенүү	iʃenyy
verwechseln (vt)	адаштыруу	adaʃtıruu
verzeihen (vi, vt)	кечирүү	ketʃiryy
verzeihen (vt)	кечирүү	ketʃiryy
voraussehen (vt)	күтүү	kytyy
vorschlagen (vt)	сунуштоо	sunuʃtoo
vorziehen (vt)	артык көрүү	artık køryy
wählen (vt)	тандоо	tandoo
warnen (vt)	эскертүү	eskertyy
warten (vi)	күтүү	kytyy
weinen (vi)	ыйлоо	ıjloo
wissen (vt)	билүү	bilyy
Witz machen	тамашалоо	tamaʃaloo
wollen (vt)	каалоо	kaaloo
zahlen (vt)	төлөө	tøløø
zeigen (jemandem etwas)	көрсөтүү	kørsøtyy
zu Abend essen	кечки тамакты ичүү	ketʃki tamaktı itʃyy
zu Mittag essen	түштөнүү	tyʃtønyy
zubereiten (vt)	тамак бышыруу	tamak bıʃıruu
zustimmen (vi)	макул болуу	makul boluu
zweifeln (vi)	күмөн саноо	kymøn sanoo

ZEIT. KALENDER

17. Wochentage

Montag (m)	дүйшөмбү	dyjʃømby
Dienstag (m)	шейшемби	ʃejʃembi
Mittwoch (m)	шаршемби	ʃarʃembi
Donnerstag (m)	бейшемби	bejʃembi
Freitag (m)	жума	dʒuma
Samstag (m)	ишенби	iʃenbi
Sonntag (m)	жекшемби	dʒekʃembi
heute	бүгүн	bygyn
morgen	эртең	erteŋ
übermorgen	бирсүгүнү	birsygyny
gestern	кечээ	ketʃee
vorgestern	мурда күнү	murda kyny
Tag (m)	күн	kyn
Arbeitstag (m)	иш күнү	iʃ kyny
Feiertag (m)	майрам күнү	majram kyny
freier Tag (m)	дем алыш күн	dem alıʃ kyn
Wochenende (n)	дем алыш күндөр	dem alıʃ kyndør
den ganzen Tag	күнү бою	kyny bojʉ
am nächsten Tag	кийинки күнү	kijinki kyny
zwei Tage vorher	эки күн мурун	eki kyn murun
am Vortag	жакында	dʒakında
täglich (Adj)	күндө	kyndø
täglich (Adv)	күн сайын	kyn sajın
Woche (f)	жума	dʒuma
letzte Woche	өткөн жумада	øtkøn dʒumada
nächste Woche	келаткан жумада	kelatkan dʒumada
wöchentlich (Adj)	жума сайын	dʒuma sajın
wöchentlich (Adv)	жума сайын	dʒuma sajın
zweimal pro Woche	жумасына эки жолу	dʒumasına eki dʒolu
jeden Dienstag	ар шейшемби	ar ʃejʃembi

18. Stunden. Tag und Nacht

Morgen (m)	таң	taŋ
morgens	эртең менен	erteŋ menen
Mittag (m)	жарым күн	dʒarım kyn
nachmittags	түштөн кийин	tyʃtøn kijin
Abend (m)	кеч	ketʃ
abends	кечинде	ketʃinde

Nacht (f)	түн	tyn
nachts	түндө	tyndø
Mitternacht (f)	жарым түн	dʒarım tyn

Sekunde (f)	секунда	sekunda
Minute (f)	мүнөт	mynøt
Stunde (f)	саат	saat
eine halbe Stunde	жарым саат	dʒarım saat
Viertelstunde (f)	чейрек саат	tʃejrek saat
fünfzehn Minuten	он беш мүнөт	on beʃ mynøt
Tag und Nacht	сутка	sutka

Sonnenaufgang (m)	күндүн чыгышы	kyndyn tʃıgıʃı
Morgendämmerung (f)	таң агаруу	taŋ agaruu
früher Morgen (m)	таң эрте	taŋ erte
Sonnenuntergang (m)	күн батуу	kyn batuu

früh am Morgen	таң эрте	taŋ erte
heute Morgen	бүгүн эртең менен	bygyn erteŋ menen
morgen früh	эртең эртең менен	erteŋ erteŋ menen

heute Mittag	күндүзү	kyndyzy
nachmittags	түштөн кийин	tyʃtøn kijin
morgen Nachmittag	эртең түштөн кийин	erteŋ tyʃtøn kijin

| heute Abend | бүгүн кечинде | bygyn ketʃinde |
| morgen Abend | эртең кечинде | erteŋ ketʃinde |

Punkt drei Uhr	туура саат үчтө	tuura saat ytʃtø
gegen vier Uhr	болжол менен төрт саат	boldʒol menen tørt saat
um zwölf Uhr	саат он экиде	saat on ekide

in zwanzig Minuten	жыйырма мүнөттөн кийин	dʒıjırma mynøttøn kijin
in einer Stunde	бир сааттан кийин	bir saattan kijin
rechtzeitig (Adv)	өз убагында	øz ubagında

Viertel vor ...	... он беш мүнөт калды	... on beʃ mynøt kaldı
innerhalb einer Stunde	бир сааттын ичинде	bir saattın itʃinde
alle fünfzehn Minuten	он беш мүнөт сайын	on beʃ mynøt sajın
Tag und Nacht	бир сутка бою	bir sutka boju

19. Monate. Jahreszeiten

Januar (m)	январь	janvarʲ
Februar (m)	февраль	fevralʲ
März (m)	март	mart
April (m)	апрель	aprelʲ
Mai (m)	май	maj
Juni (m)	июнь	ijunʲ

Juli (m)	июль	ijulʲ
August (m)	август	avgust
September (m)	сентябрь	sentʲabrʲ
Oktober (m)	октябрь	oktʲabrʲ

November (m)	ноябрь	nojabrʲ
Dezember (m)	декабрь	dekabrʲ
Frühling (m)	жаз	dʒaz
im Frühling	жазында	dʒazında
Frühlings-	жазгы	dʒazgı
Sommer (m)	жай	dʒaj
im Sommer	жайында	dʒajında
Sommer-	жайкы	dʒajkı
Herbst (m)	күз	kyz
im Herbst	күзүндө	kyzyndø
Herbst-	күздүк	kyzdyk
Winter (m)	кыш	kıʃ
im Winter	кышында	kıʃinda
Winter-	кышкы	kıʃkı
Monat (m)	ай	aj
in diesem Monat	ушул айда	uʃul ajda
nächsten Monat	кийинки айда	kijinki ajda
letzten Monat	өткөн айда	øtkøn ajda
vor einem Monat	бир ай мурун	bir aj murun
über eine Monat	бир айдан кийин	bir ajdan kijin
in zwei Monaten	эки айдан кийин	eki ajdan kijin
den ganzen Monat	толук бир ай	toluk bir aj
monatlich (Adj)	ай сайын	aj sajın
monatlich (Adv)	ай сайын	aj sajın
jeden Monat	ар бир айда	ar bir ajda
zweimal pro Monat	айына эки жолу	ajına eki dʒolu
Jahr (n)	жыл	dʒıl
dieses Jahr	бул жылы	bul dʒılı
nächstes Jahr	келаткан жылы	kelatkan dʒılı
voriges Jahr	өткөн жылы	øtkøn dʒılı
vor einem Jahr	бир жыл мурун	bir dʒıl murun
in einem Jahr	бир жылдан кийин	bir dʒıldan kijin
in zwei Jahren	эки жылдан кийин	eki dʒıldan kijin
das ganze Jahr	толук бир жыл	toluk bir dʒıl
jedes Jahr	ар жыл сайын	ar dʒıl sajın
jährlich (Adj)	жыл сайын	dʒıl sajın
jährlich (Adv)	жыл сайын	dʒıl sajın
viermal pro Jahr	жылына төрт жолу	dʒılına tørt dʒolu
Datum (heutige ~)	число	tʃislo
Datum (Geburts-)	күн	kyn
Kalender (m)	календарь	kalendarʲ
ein halbes Jahr	жарым жыл	dʒarım dʒıl
Halbjahr (n)	жарым чейрек	dʒarım tʃejrek
Saison (f)	мезгил	mezgil
Jahrhundert (n)	кылым	kılım

REISEN. HOTEL

20. Ausflug. Reisen

Tourismus (m)	туризм	turizm
Tourist (m)	турист	turist
Reise (f)	саякат	sajakat
Abenteuer (n)	укмуштуу окуя	ukmuʃtuu okuja
Fahrt (f)	сапар	sapar
Urlaub (m)	дем алыш	dem alıʃ
auf Urlaub sein	дем алышка чыгуу	dem alıʃka tʃıguu
Erholung (f)	эс алуу	es aluu
Zug (m)	поезд	poezd
mit dem Zug	поезд менен	poezd menen
Flugzeug (n)	учак	utʃak
mit dem Flugzeug	учакта	utʃakta
mit dem Auto	автомобилде	avtomobilde
mit dem Schiff	кемеде	kemede
Gepäck (n)	жүк	dʒyk
Koffer (m)	чемодан	tʃemodan
Gepäckwagen (m)	араба	araba
Pass (m)	паспорт	pasport
Visum (n)	виза	viza
Fahrkarte (f)	билет	bilet
Flugticket (n)	авиабилет	aviabilet
Reiseführer (m)	жол көрсөткүч	dʒol kørsøtkytʃ
Landkarte (f)	карта	karta
Gegend (f)	жай	dʒaj
Ort (wunderbarer ~)	жер	dʒer
Exotika (pl)	экзотика	ekzotika
exotisch	экзотикалуу	ekzotikaluu
erstaunlich (Adj)	ажайып	adʒajıp
Gruppe (f)	топ	top
Ausflug (m)	экскурсия	ekskursija
Reiseleiter (m)	экскурсия жетекчиси	ekskursija dʒetektʃisi

21. Hotel

Hotel (n), Gasthaus (n)	мейманкана	mejmankana
Motel (n)	мотель	motelʲ
drei Sterne	үч жылдыздуу	ytʃ dʒıldızduu

| fünf Sterne | беш жылдыздуу | beʃ dʒıldızduu |
| absteigen (vi) | токтоо | toktoo |

Hotelzimmer (n)	номер	nomer
Einzelzimmer (n)	бир орундуу	bir orunduu
Zweibettzimmer (n)	эки орундуу	eki orunduu
reservieren (vt)	номерди камдык буйрутмалоо	nomerdi kamdık bujrutmaloo

| Halbpension (f) | жарым пансион | dʒarım pansion |
| Vollpension (f) | толук пансион | toluk pansion |

mit Bad	ваннасы менен	vannası menen
mit Dusche	душ менен	duʃ menen
Satellitenfernsehen (n)	спутник	sputnik
Klimaanlage (f)	аба желдеткич	aba dʒeldetkiʧ
Handtuch (n)	сүлгү	sylgy
Schlüssel (m)	ачкыч	aʧkıʧ

Verwalter (m)	администратор	administrator
Zimmermädchen (n)	үй кызматкери	yj kızmatkeri
Träger (m)	жүк ташуучу	dʒyk taʃuuʧu
Portier (m)	эшик ачуучу	eʃik aʧuuʧu

Restaurant (n)	ресторан	restoran
Bar (f)	бар	bar
Frühstück (n)	таңкы тамак	taŋkı tamak
Abendessen (n)	кечки тамак	keʧki tamak
Buffet (n)	шведче стол	ʃvedʧe stol

| Foyer (n) | вестибюль | vestibulʲ |
| Aufzug (m), Fahrstuhl (m) | лифт | lift |

| BITTE NICHT STÖREN! | ТЫНЧЫБЫЗДЫ АЛБАГЫЛА! | tınʧıbızdı albagıla! |
| RAUCHEN VERBOTEN! | ТАМЕКИ ЧЕГҮҮГӨ БОЛБОЙТ! | tameki ʧegyygø bolbojt! |

22. Sehenswürdigkeiten

Denkmal (n)	эстелик	estelik
Festung (f)	чеп	ʧep
Palast (m)	сарай	saraj
Schloss (n)	сепил	sepil
Turm (m)	мунара	munara
Mausoleum (n)	күмбөз	kymbøz

Architektur (f)	архитектура	arxitektura
mittelalterlich	орто кылымдык	orto kılımdık
alt (antik)	байыркы	bajırkı
national	улуттук	uluttuk
berühmt	таанымал	taanımal
Tourist (m)	турист	turist
Fremdenführer (m)	гид	gid

Ausflug (m)	экскурсия	ekskursija
zeigen (vt)	көрсөтүү	kørsøtyy
erzählen (vt)	айтып берүү	ajtıp beryy
finden (vt)	табуу	tabuu
sich verlieren	адашып кетүү	adaʃıp ketyy
Karte (U-Bahn ~)	схема	sχema
Karte (Stadt-)	план	plan
Souvenir (n)	асембелек	asembelek
Souvenirladen (m)	асембелек дүкөнү	asembelek dykøny
fotografieren (vt)	сүрөткө тартуу	syrøtkø tartuu
sich fotografieren	сүрөткө түшүү	syrøtkø tyʃyy

TRANSPORT

23. Flughafen

Flughafen (m)	аэропорт	aeroport
Flugzeug (n)	учак	uʧak
Fluggesellschaft (f)	авиакомпания	aviakompanija
Fluglotse (m)	авиадиспетчер	aviadispetʧer

Abflug (m)	учуп кетүү	uʧup ketyy
Ankunft (f)	учуп келүү	uʧup kelyy
anfliegen (vi)	учуп келүү	uʧup kelyy

| Abflugzeit (f) | учуп кетүү убактысы | uʧup ketyy ubaktısı |
| Ankunftszeit (f) | учуп келүү убактысы | uʧup kelyy ubaktısı |

| sich verspäten | кармалуу | karmaluu |
| Abflugverspätung (f) | учуп кетүүнүн кечигиши | uʧup ketyynyn ketʃigiʃi |

Anzeigetafel (f)	маалымат таблосу	maalımat tablosu
Information (f)	маалымат	maalımat
ankündigen (vt)	кулактандыруу	kulaktandıruu
Flug (m)	рейс	rejs

| Zollamt (n) | бажыкана | badʒıkana |
| Zollbeamter (m) | бажы кызматкери | badʒı kızmatkeri |

Zolldeklaration (f)	бажы декларациясы	badʒı deklaratsijası
ausfüllen (vt)	толтуруу	tolturuu
die Zollerklärung ausfüllen	декларация толтуруу	deklaratsija tolturuu
Passkontrolle (f)	паспорт текшерүү	pasport tekʃeryy

Gepäck (n)	жүк	dʒyk
Handgepäck (n)	кол жүгү	kol dʒygy
Kofferkuli (m)	араба	araba

Landung (f)	конуу	konuu
Landebahn (f)	конуу тилкеси	konuu tilkesi
landen (vi)	конуу	konuu
Fluggasttreppe (f)	трап	trap

Check-in (n)	катталуу	kattaluu
Check-in-Schalter (m)	каттоо стойкасы	kattoo stojkası
sich registrieren lassen	катталуу	kattaluu
Bordkarte (f)	отуруу үчүн талон	oturuu ytʃyn talon
Abfluggate (n)	чыгуу	ʧıguu

Transit (m)	транзит	tranzit
warten (vi)	күтүү	kytyy
Wartesaal (m)	күтүү залы	kutyy zalı

| begleiten (vt) | узатуу | uzatuu |
| sich verabschieden | коштошуу | koʃtoʃuu |

24. Flugzeug

Flugzeug (n)	учак	uʧak
Flugticket (n)	авиабилет	aviabilet
Fluggesellschaft (f)	авиакомпания	aviakompanija
Flughafen (m)	аэропорт	aeroport
Überschall-	сверхзвуковой	sverχzvukovoj

Flugkapitän (m)	кеме командири	keme komandiri
Besatzung (f)	экипаж	ekipadʒ
Pilot (m)	учкуч	uʧkuʧ
Flugbegleiterin (f)	стюардесса	stuardessa
Steuermann (m)	штурман	ʃturman

Flügel (pl)	канаттар	kanattar
Schwanz (m)	куйрук	kujruk
Kabine (f)	кабина	kabina
Motor (m)	кыймылдаткыч	kıjmıldatkıʧ
Fahrgestell (n)	шасси	ʃassi
Turbine (f)	турбина	turbina
Propeller (m)	пропеллер	propeller
Flugschreiber (m)	кара куту	kara kutu
Steuerrad (n)	штурвал	ʃturval
Treibstoff (m)	күйүүчү май	kyjyyʧy may

Sicherheitskarte (f)	коопсуздук көрсөтмөсү	koopsuzduk kørsøtmøsy
Sauerstoffmaske (f)	кислород чүмбөтү	kislorod ʧymbøty
Uniform (f)	бир беткей кийим	bir betkey kijim
Rettungsweste (f)	куткаруучу күрмө	kutkaruuʧu kyrmø
Fallschirm (m)	парашют	paraʃut
Abflug, Start (m)	учуп көтөрүлүү	uʧup køtørylyy
starten (vi)	учуп көтөрүлүү	uʧup køtørylyy
Startbahn (f)	учуп чыгуу тилкеси	uʧup ʧıguu tilkesi

Sicht (f)	көрүнүш	kørynyʃ
Flug (m)	учуу	uʧuu
Höhe (f)	бийиктик	bijiktik
Luftloch (n)	аба чуңкуру	aba ʧyŋkuru

Platz (m)	орун	orun
Kopfhörer (m)	кулакчын	kulakʧın
Klapptisch (m)	бүктөлмө стол	byktølmø stol
Bullauge (n)	иллюминатор	illuminator
Durchgang (m)	өтмөк	øtmøk

25. Zug

| Zug (m) | поезд | poezd |
| elektrischer Zug (m) | электричка | elektriʧka |

Schnellzug (m)	бат жүрүүчү поезд	bat dʒyryytʃy poezd
Diesellok (f)	тепловоз	teplovoz
Dampflok (f)	паровоз	parovoz

| Personenwagen (m) | вагон | vagon |
| Speisewagen (m) | вагон-ресторан | vagon-restoran |

Schienen (pl)	рельсалар	relʲsalar
Eisenbahn (f)	темир жолу	temir dʒolu
Bahnschwelle (f)	шпала	ʃpala

Bahnsteig (m)	платформа	platforma
Gleis (n)	жол	dʒol
Eisenbahnsignal (n)	семафор	semafor
Station (f)	бекет	beket
Lokomotivführer (m)	машинист	maʃinist
Träger (m)	жук ташуучу	dʒuk taʃuutʃu
Schaffner (m)	проводник	provodnik
Fahrgast (m)	жүргүнчү	dʒyrgyntʃy
Fahrkartenkontrolleur (m)	текшерүүчү	tekʃeryytʃy

| Flur (m) | коридор | koridor |
| Notbremse (f) | стоп-кран | stop-kran |

Abteil (n)	купе	kupe
Liegeplatz (m), Schlafkoje (f)	текче	tektʃe
oberer Liegeplatz (m)	үстүңкү текче	ystyŋky tektʃe
unterer Liegeplatz (m)	ылдыйкы текче	ıldıjkı tektʃe
Bettwäsche (f)	жууркан-төшөк	dʒuurkan-tøʃøk
Fahrkarte (f)	билет	bilet
Fahrplan (m)	ырааттама	ıraattama
Anzeigetafel (f)	табло	tablo

abfahren (der Zug)	жөнөө	dʒønøø
Abfahrt (f)	жөнөө	dʒønøø
ankommen (der Zug)	келүү	kelyy
Ankunft (f)	келүү	kelyy

mit dem Zug kommen	поезд менен келүү	poezd menen kelyy
in den Zug einsteigen	поездге отуруу	poezdge oturuu
aus dem Zug aussteigen	поездден түшүү	poezdden tyʃyy

| Zugunglück (n) | кыйроо | kıjroo |
| entgleisen (vi) | рельсадан чыгып кетүү | relʲsadan tʃıgıp ketyy |

Dampflok (f)	паровоз	parovoz
Heizer (m)	от жагуучу	ot dʒaguutʃu
Feuerbüchse (f)	меш	meʃ
Kohle (f)	көмүр	kømyr

26. Schiff

| Schiff (n) | кеме | keme |
| Fahrzeug (n) | кеме | keme |

Dampfer (m)	пароход	paroχod
Motorschiff (n)	теплоход	teploχod
Kreuzfahrtschiff (n)	лайнер	lajner
Kreuzer (m)	крейсер	krejser

Jacht (f)	яхта	jaχta
Schlepper (m)	буксир	buksir
Lastkahn (m)	баржа	bardʒa
Fähre (f)	паром	parom

| Segelschiff (n) | парус | parus |
| Brigantine (f) | бригантина | brigantina |

| Eisbrecher (m) | муз жаргыч кеме | muz dʒargıtʃ keme |
| U-Boot (n) | суу астында жүрүүчү кеме | suu astında dʒyryytʃy keme |

Boot (n)	кайык	kajık
Dingi (n), Beiboot (n)	шлюпка	ʃlʉpka
Rettungsboot (n)	куткаруу шлюпкасы	kutkaruu ʃlʉpkası
Motorboot (n)	катер	kater

Kapitän (m)	капитан	kapitan
Matrose (m)	матрос	matros
Seemann (m)	деңизчи	deŋiztʃi
Besatzung (f)	экипаж	ekipadʒ

Bootsmann (m)	боцман	botsman
Schiffsjunge (m)	юнга	jʉnga
Schiffskoch (m)	кок	kok
Schiffsarzt (m)	кеме доктуру	keme dokturu

Deck (n)	палуба	paluba
Mast (m)	мачта	matʃta
Segel (n)	парус	parus

Schiffsraum (m)	трюм	trʉm
Bug (m)	тумшук	tumʃuk
Heck (n)	кеменин арткы бөлүгү	kemenin artkı bølygy
Ruder (n)	калак	kalak
Schraube (f)	винт	vint

Kajüte (f)	каюта	kajʉta
Messe (f)	кают-компания	kajʉt-kompanija
Maschinenraum (m)	машина бөлүгү	maʃina bølygy
Kommandobrücke (f)	капитан мостиги	kapitan mostigi
Funkraum (m)	радиорубка	radiorubka
Radiowelle (f)	толкун	tolkun
Schiffstagebuch (n)	кеме журналы	keme dʒurnalı

Fernrohr (n)	дүрбү	dyrby
Glocke (f)	коңуроо	koŋuroo
Fahne (f)	байрак	bajrak

| Seil (n) | аркан | arkan |
| Knoten (m) | түйүн | tyjyn |

| Geländer (n) | туткуч | tutkutʃ |
| Treppe (f) | трап | trap |

Anker (m)	кеме казык	keme kazık
den Anker lichten	кеме казыкты көтөрүү	keme kazıktı køtøryy
Anker werfen	кеме казыкты таштоо	keme kazıktı taʃtoo
Ankerkette (f)	казык чынжыры	kazık ʧındʒırı

Hafen (m)	порт	port
Anlegestelle (f)	причал	priʧal
anlegen (vi)	келип токтоо	kelip toktoo
abstoßen (vt)	жээктен алыстоо	dʒeekten alıstoo

Reise (f)	саякат	sajakat
Kreuzfahrt (f)	деңиз саякаты	deŋiz sajakatı
Kurs (m), Richtung (f)	курс	kurs
Reiseroute (f)	каттам	kattam

Fahrwasser (n)	фарватер	farvater
Untiefe (f)	тайыз жер	tajız dʒer
stranden (vi)	тайыз жерге отуруу	tajız dʒerge oturuu

Sturm (m)	бороон чапкын	boroon ʧapkın
Signal (n)	сигнал	signal
untergehen (vi)	чөгүү	ʧøgyy
Mann über Bord!	Сууда адам бар!	suuda adam bar!
SOS	SOS	sos
Rettungsring (m)	куткаруучу тегерек	kutkaruutʃu tegerek

STADT

27. Innerstädtischer Transport

Bus (m)	автобус	avtobus
Straßenbahn (f)	трамвай	tramvaj
Obus (m)	троллейбус	trollejbus
Linie (f)	каттам	kattam
Nummer (f)	номер	nomer
mit … fahren	… жүрүү	… dʒyryy
einsteigen (vi)	… отуруу	… oturuu
aussteigen (aus dem Bus)	… түшүп калуу	… tyʃyp kaluu
Haltestelle (f)	аялдама	ajaldama
nächste Haltestelle (f)	кийинки аялдама	kijinki ajaldama
Endhaltestelle (f)	акыркы аялдама	akırkı ajaldama
Fahrplan (m)	ырааттама	ıraattama
warten (vi, vt)	күтүү	kytyy
Fahrkarte (f)	билет	bilet
Fahrpreis (m)	билеттин баасы	bilettin baası
Kassierer (m)	кассир	kassir
Fahrkartenkontrolle (f)	текшерүү	tekʃeryy
Fahrkartenkontrolleur (m)	текшерүүчү	tekʃeryytʃy
sich verspäten	кечигүү	ketʃigyy
versäumen (Zug usw.)	кечигип калуу	ketʃigip kaluu
sich beeilen	шашуу	ʃaʃuu
Taxi (n)	такси	taksi
Taxifahrer (m)	такси айдоочу	taksi ajdootʃu
mit dem Taxi	таксиде	takside
Taxistand (m)	такси токтоочу жай	taksi toktootʃu dʒaj
ein Taxi rufen	такси чакыруу	taksi tʃakıruu
ein Taxi nehmen	такси кармоо	taksi karmoo
Straßenverkehr (m)	көчө кыймылы	køtʃø kıjmılı
Stau (m)	тыгын	tıgın
Hauptverkehrszeit (f)	кызуу маал	kızuu maal
parken (vi)	токтотуу	toktotuu
parken (vt)	машинаны жайлаштыруу	maʃinanı dʒajlaʃtıruu
Parkplatz (m)	унаа токтоочу жай	unaa toktootʃu dʒaj
U-Bahn (f)	метро	metro
Station (f)	бекет	beket
mit der U-Bahn fahren	метродо жүрүү	metrodo dʒyryy
Zug (m)	поезд	poezd
Bahnhof (m)	вокзал	vokzal

28. Stadt. Leben in der Stadt

Stadt (f)	шаар	ʃaar
Hauptstadt (f)	борбор	borbor
Dorf (n)	кыштак	kıʃtak
Stadtplan (m)	шаардын планы	ʃaardın planı
Stadtzentrum (n)	шаардын борбору	ʃaardın borboru
Vorort (m)	шаардын чет жакасы	ʃaardın ʧet dʒakası
Vorort-	шаардын чет жакасындагы	ʃaardın ʧet dʒakasındagı
Stadtrand (m)	чет-жака	ʧet-dʒaka
Umgebung (f)	чет-жака	ʧet-dʒaka
Stadtviertel (n)	квартал	kvartal
Wohnblock (m)	турак-жай кварталы	turak-dʒaj kvartalı
Straßenverkehr (m)	көчө кыймылы	køʧø kıjmılı
Ampel (f)	светофор	svetofor
Stadtverkehr (m)	шаар транспорту	ʃaar transportu
Straßenkreuzung (f)	кесилиш	kesiliʃ
Übergang (m)	жөө жүрүүчүлөр жолу	dʒøø dʒyryyʧylør dʒolu
Fußgängerunterführung (f)	жер астындагы жол	dʒer astındagı dʒol
überqueren (vt)	жолду өтүү	dʒoldu øtyy
Fußgänger (m)	жөө жүрүүчү	dʒøø dʒyryyʧy
Gehweg (m)	жанжол	dʒandʒol
Brücke (f)	көпүрө	køpyrø
Kai (m)	жээк жол	dʒeek dʒol
Springbrunnen (m)	фонтан	fontan
Allee (f)	аллея	alleja
Park (m)	сейил багы	sejil bagı
Boulevard (m)	бульвар	bulʲvar
Platz (m)	аянт	ajant
Avenue (f)	проспект	prospekt
Straße (f)	көчө	køʧø
Gasse (f)	чолок көчө	ʧolok køʧø
Sackgasse (f)	туюк көчө	tujuk køʧø
Haus (n)	үй	yj
Gebäude (n)	имарат	imarat
Wolkenkratzer (m)	көк тиреген көп кабаттуу үй	køk tiregen køp kabattuu yj
Fassade (f)	үйдүн алды	yjdyn aldı
Dach (n)	чатыр	ʧatır
Fenster (n)	терезе	tereze
Bogen (m)	түркүк	tyrkyk
Säule (f)	мамы	mamı
Ecke (f)	бурч	burʧ
Schaufenster (n)	көрсөтмө айнек үкөк	kørsøtmø ajnek ykøk
Firmenschild (n)	көрнөк	kørnøk

Anschlag (m)	афиша	afiʃa
Werbeposter (m)	көрнөк-жарнак	kørnøk-dʒarnak
Werbeschild (n)	жарнамалык такта	dʒarnamalık takta

Müll (m)	таштанды	taʃtandı
Mülleimer (m)	таштанды челек	taʃtandı tʃelek
Abfall wegwerfen	таштоо	taʃtoo
Mülldeponie (f)	таштанды үйүлгөн жер	taʃtandı yjylgøn dʒer

Telefonzelle (f)	телефон будкасы	telefon budkası
Straßenlaterne (f)	чырак мамы	tʃırak mamı
Bank (Park-)	отургуч	oturgutʃ

Polizist (m)	полиция кызматкери	politsija kızmatkeri
Polizei (f)	полиция	politsija
Bettler (m)	кайырчы	kajırtʃı
Obdachlose (m)	селсаяк	selsajak

29. Innerstädtische Einrichtungen

Laden (m)	дүкөн	dykøn
Apotheke (f)	дарыкана	darıkana
Optik (f)	оптика	optika
Einkaufszentrum (n)	соода борбору	sooda borboru
Supermarkt (m)	супермаркет	supermarket

Bäckerei (f)	нан дүкөнү	nan dykøny
Bäcker (m)	навайчы	navajtʃı
Konditorei (f)	кондитердик дүкөн	konditerdik dykøn
Lebensmittelladen (m)	азык-түлүк	azık-tylyk
Metzgerei (f)	эт дүкөнү	et dykøny

| Gemüseladen (m) | жашылча дүкөнү | dʒaʃıltʃa dykøny |
| Markt (m) | базар | bazar |

Kaffeehaus (n)	кофекана	kofekana
Restaurant (n)	ресторан	restoran
Bierstube (f)	сыракана	sırakana
Pizzeria (f)	пиццерия	pitserija

Friseursalon (m)	чач тарач	tʃatʃ taratʃ
Post (f)	почта	potʃta
chemische Reinigung (f)	химиялык тазалоо	χimijalık tazaloo
Fotostudio (n)	фотоателье	fotoatelje

Schuhgeschäft (n)	бут кийим дүкөнү	but kijim dykøny
Buchhandlung (f)	китеп дүкөнү	kitep dykøny
Sportgeschäft (n)	спорт буюмдар дүкөнү	sport bujumdar dykøny

Kleiderreparatur (f)	кийим ондоочу жай	kijim ondootʃu dʒaj
Bekleidungsverleih (m)	кийимди ижарага берүү	kijimdi idʒaraga beryy
Videothek (f)	тасмаларды ижарага берүү	tasmalardı idʒaraga beryy

| Zirkus (m) | цирк | tsırk |

Zoo (m)	зоопарк	zoopark
Kino (n)	кинотеатр	kinoteatr
Museum (n)	музей	muzej
Bibliothek (f)	китепкана	kitepkana

Theater (n)	театр	teatr
Opernhaus (n)	опера	opera
Nachtklub (m)	түнкү клуб	tynky klub
Kasino (n)	казино	kazino

Moschee (f)	мечит	metʃit
Synagoge (f)	синагога	sinagoga
Kathedrale (f)	чоң чиркөө	tʃoŋ tʃirkøø
Tempel (m)	ибадаткана	ibadatkana
Kirche (f)	чиркөө	tʃirkøø

Institut (n)	коллеж	kolledʒ
Universität (f)	университет	universitet
Schule (f)	мектеп	mektep

Präfektur (f)	префектура	prefektura
Rathaus (n)	мэрия	merija
Hotel (n)	мейманкана	mejmankana
Bank (f)	банк	bank

Botschaft (f)	элчилик	eltʃilik
Reisebüro (n)	турагенттиги	turagenttigi
Informationsbüro (n)	маалымат бюросу	maalımat bʉrosu
Wechselstube (f)	алмаштыруу пункту	almaʃtıruu punktu

| U-Bahn (f) | метро | metro |
| Krankenhaus (n) | оорукана | oorukana |

| Tankstelle (f) | май куюучу станция | maj kujʉutʃu stantsija |
| Parkplatz (m) | унаа токтоочу жай | unaa toktootʃu dʒaj |

30. Schilder

Firmenschild (n)	көрнөк	kørnøk
Aufschrift (f)	жазуу	dʒazuu
Plakat (n)	көрнөк	kørnøk
Wegweiser (m)	көрсөткүч	kørsøtkytʃ
Pfeil (m)	жебе	dʒebe

Vorsicht (f)	экертме	ekertme
Warnung (f)	эскертүү белгиси	eskertyy belgisi
warnen (vt)	эскертүү	eskertyy

freier Tag (m)	дем алыш күн	dem alıʃ kyn
Fahrplan (m)	ырааттама	ıraattama
Öffnungszeiten (pl)	иш сааттары	iʃ saattarı

| HERZLICH WILLKOMMEN! | КОШ КЕЛИҢИЗДЕР! | koʃ keliŋizder! |
| EINGANG | КИРҮҮ | kiryy |

AUSGANG	ЧЫГУУ	tʃɪguu
DRÜCKEN	ӨЗҮҢҮЗДӨН ТҮРТҮҢҮЗ	øzyŋyzdøn tyrtyŋyz
ZIEHEN	ӨЗҮҢҮЗГӨ ТАРТЫҢЫЗ	øzyŋyzgø tartɪŋɪz
GEÖFFNET	АЧЫК	atʃɪk
GESCHLOSSEN	ЖАБЫК	dʒabɪk

DAMEN, FRAUEN	АЙЫМДАР ҮЧҮН	ajɪmdar ytʃyn
HERREN, MÄNNER	ЭРКЕКТЕР ҮЧҮН	erkekter ytʃyn

AUSVERKAUF	АРЗАНДАТУУЛАР	arzandatuular
REDUZIERT	САТЫП ТҮГӨТҮҮ	satɪp tygøtyy
NEU!	СААМАЛЫК!	saamalɪk!
GRATIS	БЕКЕР	beker

ACHTUNG!	КӨҢҮЛ БУРУҢУЗ!	køŋyl buruŋuz!
ZIMMER BELEGT	ОРУН ЖОК	orun dʒok
RESERVIERT	КАМДЫК БУЙРУТМАЛАГАН	kamdɪk bujrutmalagan

VERWALTUNG	АДМИНИСТРАЦИЯ	administratsija
NUR FÜR PERSONAL	ЖААМАТ ҮЧҮН ГАНА	dʒaamat ytʃyn gana

VORSICHT BISSIGER HUND	КАБАНААК ИТ	kabanaak it
RAUCHEN VERBOTEN!	ТАМЕКИ ЧЕГҮҮГӨ БОЛБОЙТ!	tameki tʃegyygø bolbojt!
BITTE NICHT BERÜHREN	КОЛУҢАР МЕНЕН КАРМАБАГЫЛА!	koluŋar menen karmabagɪla!

GEFÄHRLICH	КООПТУУ	kooptuu
VORSICHT!	КОРКУНУЧ	korkunutʃ
HOCHSPANNUNG	ЖОГОРКУ ЧЫҢАЛУУ	dʒogorku tʃɪŋaluu
BADEN VERBOTEN	СУУГА ТҮШҮҮГӨ БОЛБОЙТ	suuga tyʃyygø bolbojt
AUßER BETRIEB	ИШТЕБЕЙТ	iʃtebejt

LEICHTENTZÜNDLICH	ӨРТ ЧЫГУУ КОРКУНУЧУ	ørt tʃɪguu korkunutʃu
VERBOTEN	ТЫЮУ САЛЫНГАН	tijuu salɪngan
DURCHGANG VERBOTEN	ӨТҮҮГӨ БОЛБОЙТ	øtyygø bolbojt
FRISCH GESTRICHEN	СЫРДАЛГАН	sɪrdalgan

31. Shopping

kaufen (vt)	сатып алуу	satɪp aluu
Einkauf (m)	сатып алуу	satɪp aluu
einkaufen gehen	сатып алууга чыгуу	satɪp aluuga tʃɪguu
Einkaufen (n)	базарчылоо	bazartʃɪloo

offen sein (Laden)	иштөө	iʃtøø
zu sein	жабылуу	dʒabɪluu

Schuhe (pl)	бут кийим	but kijim
Kleidung (f)	кийим-кече	kijim-ketʃe
Kosmetik (f)	упа-эндик	upa-endik

| Lebensmittel (pl) | азык-түлүк | azık-tylyk |
| Geschenk (n) | белек | belek |

| Verkäufer (m) | сатуучу | satuuʧu |
| Verkäuferin (f) | сатуучу кыз | satuuʧu kız |

Kasse (f)	касса	kassa
Spiegel (m)	күзгү	kyzgy
Ladentisch (m)	прилавок	prilavok
Umkleidekabine (f)	кийим ченөөчү бөлмө	kijim ʧenøøʧy bølmø

anprobieren (vt)	кийим ченөө	kijim ʧenøø
passen (Schuhe, Kleid)	ылайык келүү	ılajık kelyy
gefallen (vi)	жактыруу	dʒaktıruu

Preis (m)	баа	baa
Preisschild (n)	баа	baa
kosten (vt)	туруу	turuu
Wie viel?	Канча?	kanʧa?
Rabatt (m)	арзандатуу	arzandatuu

preiswert	кымбат эмес	kımbat emes
billig	арзан	arzan
teuer	кымбат	kımbat
Das ist teuer	Бул кымбат	bul kımbat

Verleih (m)	ижара	idʒara
leihen, mieten (ein Auto usw.)	ижарага алуу	idʒaraga aluu
Kredit (m), Darlehen (n)	насыя	nasıja
auf Kredit	насыяга алуу	nasıjaga aluu

KLEIDUNG & ACCESSOIRES

32. Oberbekleidung. Mäntel

Kleidung (f)	кийим	kijim
Oberkleidung (f)	үстүнкү кийим	ystyŋky kijim
Winterkleidung (f)	кышкы кийим	kıʃkı kijim
Mantel (m)	пальто	palʲto
Pelzmantel (m)	тон	ton
Pelzjacke (f)	чолок тон	ʧolok ton
Daunenjacke (f)	мамык олпок	mamık olpok
Jacke (z.B. Lederjacke)	күрмө	kyrmø
Regenmantel (m)	плащ	plaʃʧ
wasserdicht	суу өткүс	suu øtkys

33. Herren- & Damenbekleidung

Hemd (n)	көйнөк	køjnøk
Hose (f)	шым	ʃim
Jeans (pl)	джинсы	dʒinsı
Jackett (n)	бешмант	beʃmant
Anzug (m)	костюм	kostʉm
Damenkleid (n)	көйнөк	køjnøk
Rock (m)	юбка	jʉbka
Bluse (f)	блузка	bluzka
Strickjacke (f)	кофта	kofta
Jacke (Damen Kostüm)	кыска бешмант	kıska beʃmant
T-Shirt (n)	футболка	futbolka
Shorts (pl)	чолок шым	ʧolok ʃim
Sportanzug (m)	спорт кийими	sport kijimi
Bademantel (m)	халат	χalat
Schlafanzug (m)	пижама	pidʒama
Sweater (m)	свитер	sviter
Pullover (m)	пуловер	pulover
Weste (f)	жилет	dʒilet
Frack (m)	фрак	frak
Smoking (m)	смокинг	smoking
Uniform (f)	форма	forma
Arbeitskleidung (f)	жумуш кийим	dʒumuʃ kijim
Overall (m)	комбинезон	kombinezon
Kittel (z.B. Arztkittel)	халат	χalat

34. Kleidung. Unterwäsche

Unterwäsche (f)	ич кийим	iʧ kijim
Herrenslip (m)	эркектер чолок дамбалы	erkekter ʧolok dambalı
Damenslip (m)	аялдар трусиги	ajaldar trusigi
Unterhemd (n)	майка	majka
Socken (pl)	байпак	bajpak

Nachthemd (n)	жатаарда кийүүчү көйнөк	dʒataarda kijyyʧy køjnøk
Büstenhalter (m)	бюстгальтер	bʉstgalʲter
Kniestrümpfe (pl)	гольфы	golʲfı
Strumpfhose (f)	колготки	kolgotki
Strümpfe (pl)	байпак	bajpak
Badeanzug (m)	купальник	kupalʲnik

35. Kopfbekleidung

Mütze (f)	топу	topu
Filzhut (m)	шляпа	ʃlʲapa
Baseballkappe (f)	бейсболка	bejsbolka
Schiebermütze (f)	кепка	kepka

Baskenmütze (f)	берет	beret
Kapuze (f)	капюшон	kapʉʃon
Panamahut (m)	панамка	panamka
Strickmütze (f)	токулган шапка	tokulgan ʃapka

| Kopftuch (n) | жоолук | dʒooluk |
| Damenhut (m) | шляпа | ʃlʲapa |

Schutzhelm (m)	каска	kaska
Feldmütze (f)	пилотка	pilotka
Helm (z.B. Motorradhelm)	шлем	ʃlem

| Melone (f) | котелок | kotelok |
| Zylinder (m) | цилиндр | tsılindr |

36. Schuhwerk

Schuhe (pl)	бут кийим	but kijim
Stiefeletten (pl)	ботинка	botinka
Halbschuhe (pl)	туфли	tufli
Stiefel (pl)	өтүк	øtyk
Hausschuhe (pl)	тапочка	tapoʧka

Tennisschuhe (pl)	кроссовка	krossovka
Leinenschuhe (pl)	кеды	kedı
Sandalen (pl)	сандалии	sandalii

| Schuster (m) | өтүкчү | øtykʧy |
| Absatz (m) | така | taka |

Paar (n)	түгөй	tygøj
Schnürsenkel (m)	боо	boo
schnüren (vt)	боолоо	booloo
Schuhlöffel (m)	кашык	kaʃık
Schuhcreme (f)	өтүк май	øtyk maj

37. Persönliche Accessoires

Handschuhe (pl)	колкап	kolkap
Fausthandschuhe (pl)	мээлей	meelej
Schal (Kaschmir-)	моюн орогуч	mojun oroguʧ

Brille (f)	көз айнек	køz ajnek
Brillengestell (n)	алкак	alkak
Regenschirm (m)	чатырча	ʧatırʧa
Spazierstock (m)	аса таяк	asa tajak
Haarbürste (f)	тарак	tarak
Fächer (m)	желпингич	dʒelpingiʧ

Krawatte (f)	галстук	galstuk
Fliege (f)	галстук-бабочка	galstuk-babotʃka
Hosenträger (pl)	шым тарткыч	ʃım tartkıʧ
Taschentuch (n)	бетаарчы	betaarʧı

Kamm (m)	тарак	tarak
Haarspange (f)	чачсайгы	ʧatʃsajgı
Haarnadel (f)	шпилька	ʃpilʲka
Schnalle (f)	таралга	taralga

| Gürtel (m) | кайыш кур | kajıʃ kur |
| Umhängegurt (m) | илгич | ilgiʧ |

Tasche (f)	колбаштык	kolbaʃtık
Handtasche (f)	кичине колбаштык	kitʃine kolbaʃtık
Rucksack (m)	жонбаштык	dʒonbaʃtık

38. Kleidung. Verschiedenes

Mode (f)	мода	moda
modisch	саркеч	sarketʃ
Modedesigner (m)	модельер	modeljer

Kragen (m)	жака	dʒaka
Tasche (f)	чөнтөк	ʧøntøk
Taschen-	чөнтөк	ʧøntøk
Ärmel (m)	жең	dʒeŋ
Aufhänger (m)	илгич	ilgiʧ
Hosenschlitz (m)	ширинка	ʃirinka

Reißverschluss (m)	молния	molnija
Verschluss (m)	топчулук	toptʃuluk
Knopf (m)	топчу	toptʃu

| Knopfloch (n) | илмек | ilmek |
| abgehen (Knopf usw.) | үзүлүү | yzylyy |

nähen (vi, vt)	тигүү	tigyy
sticken (vt)	сайма саюу	sajma sajɥu
Stickerei (f)	сайма	sajma
Nadel (f)	ийне	ijne
Faden (m)	жип	dʒip
Naht (f)	тигиш	tigiʃ

sich beschmutzen	булгап алуу	bulgap aluu
Fleck (m)	так	tak
sich knittern	бырышып калуу	bırıʃıp kaluu
zerreißen (vt)	айрылуу	ajrıluu
Motte (f)	күбө	kybø

39. Kosmetikartikel. Kosmetik

Zahnpasta (f)	тиш пастасы	tiʃ pastası
Zahnbürste (f)	тиш щёткасы	tiʃ ʃtʃotkası
Zähne putzen	тиш жуу	tiʃ dʒuu

Rasierer (m)	устара	ustara
Rasiercreme (f)	кырынуу үчүн көбүк	kırınuu ytʃyn købyk
sich rasieren	кырынуу	kırınuu

| Seife (f) | самын | samın |
| Shampoo (n) | шампунь | ʃampunʲ |

Schere (f)	кайчы	kajtʃı
Nagelfeile (f)	тырмак өгөө	tırmak øgøø
Nagelzange (f)	тырмак кычкачы	tırmak kıtʃkatʃı
Pinzette (f)	искек	iskek

Kosmetik (f)	упа-эндик	upa-endik
Gesichtsmaske (f)	маска	maska
Maniküre (f)	маникюр	manikɥr
Maniküre machen	маникюр жасоо	manikdʒɥr dʒasoo
Pediküre (f)	педикюр	pedikɥr

Kosmetiktasche (f)	косметичка	kosmetitʃka
Puder (m)	упа	upa
Puderdose (f)	упа кутусу	upa kutusu
Rouge (n)	эндик	endik

Parfüm (n)	атыр	atır
Duftwasser (n)	туалет атыр суусу	tualet atır suusu
Lotion (f)	лосьон	losʲon
Kölnischwasser (n)	одеколон	odekolon

Lidschatten (m)	көз боёгу	køz bojogu
Kajalstift (m)	көз карандашы	køz karandaʃı
Wimperntusche (f)	кирпик үчүн боек	kirpik ytʃyn boek
Lippenstift (m)	эрин помадасы	erin pomadası

Nagellack (m)	тырмак үчүн лак	tırmak ytʃyn lak
Haarlack (m)	чач үчүн лак	tʃatʃ ytʃyn lak
Deodorant (n)	дезодорант	dezodorant

Creme (f)	крем	krem
Gesichtscreme (f)	бетмай	betmaj
Handcreme (f)	кол үчүн май	kol ytʃyn maj
Anti-Falten-Creme (f)	бырыштарга каршы бет май	bırıʃtarga karʃı bet maj
Tagescreme (f)	күндүзгү бет май	kyndyzgy bet maj
Nachtcreme (f)	түнкү бет май	tynky bet maj
Tages-	күндүзгү	kyndyzgy
Nacht-	түнкү	tynky

Tampon (m)	тампон	tampon
Toilettenpapier (n)	даарат кагазы	daarat kagazı
Föhn (m)	фен	fen

40. Armbanduhren Uhren

Armbanduhr (f)	кол саат	kol saat
Zifferblatt (n)	циферблат	tsıferblat
Zeiger (m)	жебе	dʒebe
Metallarmband (n)	браслет	braslet
Uhrenarmband (n)	кайыш кур	kajıʃ kur

Batterie (f)	батарейка	batarejka
verbraucht sein	зарядканын түгөнүүсү	zarʲadkanın tygønyysy
die Batterie wechseln	батарейка алмаштыруу	batarejka almaʃtıruu
vorgehen (vi)	алдыга кетүү	aldıga ketyy
nachgehen (vi)	калуу	kaluu

Wanduhr (f)	дубалга тагуучу саат	dubalga taguutʃu saat
Sanduhr (f)	кум саат	kum saat
Sonnenuhr (f)	күн саат	kyn saat
Wecker (m)	ойготкуч саат	ojgotkutʃ saat
Uhrmacher (m)	саат устасы	saat ustası
reparieren (vt)	оңдоо	oŋdoo

ALLTAGSERFAHRUNG

41. Geld

Geld (n)	акча	aktʃa
Austausch (m)	алмаштыруу	almaʃtıruu
Kurs (m)	курс	kurs
Geldautomat (m)	банкомат	bankomat
Münze (f)	тыйын	tıjın
Dollar (m)	доллар	dollar
Euro (m)	евро	evro
Lira (f)	италиялык лира	italijalık lira
Mark (f)	немис маркасы	nemis markası
Franken (m)	франк	frank
Pfund Sterling (n)	фунт стерлинг	funt sterling
Yen (m)	йена	jena
Schulden (pl)	карыз	karız
Schuldner (m)	карыздар	karızdar
leihen (vt)	карызга берүү	karızga beryy
leihen, borgen (Geld usw.)	карызга алуу	karızga aluu
Bank (f)	банк	bank
Konto (n)	эсеп	esep
einzahlen (vt)	салуу	saluu
auf ein Konto einzahlen	эсепке акча салуу	esepke aktʃa saluu
abheben (vt)	эсептен акча чыгаруу	esepten aktʃa tʃıgaruu
Kreditkarte (f)	насыя картасы	nasıja kartası
Bargeld (n)	накталай акча	naktalaj aktʃa
Scheck (m)	чек	tʃek
einen Scheck schreiben	чек жазып берүү	tʃek dʒazıp beryy
Scheckbuch (n)	чек китепчеси	tʃek kiteptʃesi
Geldtasche (f)	намыян	namıjan
Geldbeutel (m)	капчык	kaptʃık
Safe (m)	сейф	sejf
Erbe (m)	мураскер	murasker
Erbschaft (f)	мурас	muras
Vermögen (n)	мүлк	mylk
Pacht (f)	ижара	idʒara
Miete (f)	батир акысы	batir akısı
mieten (vt)	батирге алуу	batirge aluu
Preis (m)	баа	baa
Kosten (pl)	баа	baa

Summe (f)	сумма	summa
ausgeben (vt)	коротуу	korotuu
Ausgaben (pl)	чыгым	ʧıgım
sparen (vt)	үнөмдөө	ynømdøø
sparsam	сарамжал	saramdʒal

zahlen (vt)	төлөө	tøløø
Lohn (m)	акы төлөө	akı tøløø
Wechselgeld (n)	кайтарылган майда акча	kajtarılgan majda akʧa

Steuer (f)	салык	salık
Geldstrafe (f)	айып	ajıp
bestrafen (vt)	айып пул салуу	ajıp pul saluu

42. Post. Postdienst

Post (Postamt)	почта	poʧta
Post (Postsendungen)	почта	poʧta
Briefträger (m)	кат ташуучу	kat taʃuuʧu
Öffnungszeiten (pl)	иш сааттары	iʃ saattarı

Brief (m)	кат	kat
Einschreibebrief (m)	тапшырык кат	tapʃırık kat
Postkarte (f)	открытка	otkrıtka
Telegramm (n)	телеграмма	telegramma
Postpaket (n)	посылка	posılka
Geldanweisung (f)	акча которуу	akʧa kotoruu

bekommen (vt)	алуу	aluu
abschicken (vt)	жөнөтүү	dʒønøtyy
Absendung (f)	жөнөтүү	dʒønøtyy
Postanschrift (f)	дарек	darek
Postleitzahl (f)	индекс	indeks
Absender (m)	жөнөтүүчү	dʒønøtyyʧy
Empfänger (m)	алуучу	aluuʧu

Vorname (m)	аты	atı
Nachname (m)	фамилиясы	familijası
Tarif (m)	тариф	tarif
Standard- (Tarif)	жөнөкөй	dʒønøkøj
Spar- (-tarif)	үнөмдүү	ynømdyy

Gewicht (n)	салмак	salmak
abwiegen (vt)	таразалоо	tarazaloo
Briefumschlag (m)	конверт	konvert
Briefmarke (f)	марка	marka
Briefmarke aufkleben	марка жабыштыруу	marka dʒabıʃtıruu

43. Bankgeschäft

| Bank (f) | банк | bank |
| Filiale (f) | бөлүм | bølym |

| Berater (m) | кеңешчи | keŋeʃʧi |
| Leiter (m) | башкаруучу | baʃkaruutʃu |

Konto (n)	эсеп	esep
Kontonummer (f)	эсеп номери	esep nomeri
Kontokorrent (n)	учурдагы эсеп	uʧurdagı esep
Sparkonto (n)	топтолмо эсеп	toptolmo esep

ein Konto eröffnen	эсеп ачуу	esep aʧuu
das Konto schließen	эсеп жабуу	esep dʒabuu
einzahlen (vt)	эсепке акча салуу	esepke aktʃa saluu
abheben (vt)	эсептен акча чыгаруу	esepten aktʃa ʧıgaruu

Einzahlung (f)	аманат	amanat
eine Einzahlung machen	аманат кылуу	amanat kıluu
Überweisung (f)	акча которуу	aktʃa kotoruu
überweisen (vt)	акча которуу	aktʃa kotoruu

| Summe (f) | сумма | summa |
| Wieviel? | Канча? | kantʃa? |

| Unterschrift (f) | кол тамга | kol tamga |
| unterschreiben (vt) | кол коюу | kol kojuu |

Kreditkarte (f)	насыя картасы	nasıja kartası
Code (m)	код	kod
Kreditkartennummer (f)	насыя картанын номери	nasıja kartanın nomeri
Geldautomat (m)	банкомат	bankomat

Scheck (m)	чек	tʃek
einen Scheck schreiben	чек жазып берүү	tʃek dʒazıp beryy
Scheckbuch (n)	чек китепчеси	tʃek kitepʧesi

Darlehen (m)	насыя	nasıja
ein Darlehen beantragen	насыя үчүн кайрылуу	nasıja ytʃyn kajrıluu
ein Darlehen aufnehmen	насыя алуу	nasıja aluu
ein Darlehen geben	насыя берүү	nasıja beryy
Sicherheit (f)	кепилдик	kepildik

44. Telefon. Telefongespräche

Telefon (n)	телефон	telefon
Mobiltelefon (n)	мобилдик	mobildik
Anrufbeantworter (m)	автоматтык жооп берүүчү	avtomattık dʒoop beryytʃy

| anrufen (vt) | чалуу | tʃaluu |
| Anruf (m) | чакыруу | tʃakıruu |

eine Nummer wählen	номер терүү	nomer teryy
Hallo!	Алло!	allo!
fragen (vt)	суроо	suroo
antworten (vi)	жооп берүү	dʒoop beryy
hören (vt)	угуу	uguu
gut (~ aussehen)	жакшы	dʒakʃı

| schlecht (Adv) | жаман | dʒaman |
| Störungen (pl) | ызы-чуу | ızı-ʧuu |

Hörer (m)	трубка	trubka
den Hörer abnehmen	трубканы алуу	trubkanı aluu
auflegen (den Hörer ~)	трубканы коюу	trubkanı kojuu

besetzt	бош эмес	boʃ emes
läuten (vi)	шыңгыроо	ʃıŋgıroo
Telefonbuch (n)	телефондук китепче	telefonduk kitepʧe

Orts-	жергиликтүү	dʒergiliktyy
Ortsgespräch (n)	жергиликтүү чакыруу	dʒergiliktyy ʧakıruu
Auslands-	эл аралык	el aralık
Auslandsgespräch (n)	эл аралык чакыруу	el aralık ʧakıruu
Fern-	шаар аралык	ʃaar aralık
Ferngespräch (n)	шаар аралык чакыруу	ʃaar aralık ʧakıruu

45. Mobiltelefon

Mobiltelefon (n)	мобилдик	mobildik
Display (n)	дисплей	displej
Knopf (m)	баскыч	baskıʧ
SIM-Karte (f)	SIM-карта	sim-karta

Batterie (f)	батарея	batareja
leer sein (Batterie)	зарядканын түгөнүүсү	zarʲadkanın tygønyysy
Ladegerät (n)	заряддоочу шайман	zarʲaddooʧu ʃajman

Menü (n)	меню	menu
Einstellungen (pl)	орнотуулар	ornotuular
Melodie (f)	обон	obon
auswählen (vt)	тандоо	tandoo

Rechner (m)	калькулятор	kalʲkulʲator
Anrufbeantworter (m)	автоматтык жооп бергич	avtomattık dʒoop bergiʧ
Wecker (m)	ойготкуч	ojgotkuʧ
Kontakte (pl)	байланыштар	bajlanıʃtar

| SMS-Nachricht (f) | SMS-кабар | esemes-kabar |
| Teilnehmer (m) | абонент | abonent |

46. Bürobedarf

| Kugelschreiber (m) | калем сап | kalem sap |
| Federhalter (m) | калем уч | kalem uʧ |

Bleistift (m)	карандаш	karandaʃ
Faserschreiber (m)	маркер	marker
Filzstift (m)	фломастер	flomaster
Notizblock (m)	дептерче	depterʧe
Terminkalender (m)	күндөлүк	kyndølyk

Lineal (n)	сызгыч	sızgıtʃ
Rechner (m)	калькулятор	kalʲkulʲator
Radiergummi (m)	өчүргүч	øtʃyrgytʃ
Reißzwecke (f)	кнопка	knopka
Heftklammer (f)	кыскыч	kıskıtʃ

Klebstoff (m)	желим	dʒelim
Hefter (m)	степлер	stepler
Locher (m)	тешкич	teʃkitʃ
Bleistiftspitzer (m)	учтагыч	utʃtagıtʃ

47. Fremdsprachen

Sprache (f)	тил	til
Fremd-	чет	tʃet
Fremdsprache (f)	чет тил	tʃet til
studieren (z.B. Jura ~)	окуу	okuu
lernen (Englisch ~)	үйрөнүү	yjrønyy

lesen (vi, vt)	окуу	okuu
sprechen (vi, vt)	сүйлөө	syjløø
verstehen (vt)	түшүнүү	tyʃynyy
schreiben (vi, vt)	жазуу	dʒazuu

schnell (Adv)	тез	tez
langsam (Adv)	жай	dʒaj
fließend (Adv)	эркин	erkin

Regeln (pl)	эрежелер	eredʒeler
Grammatik (f)	грамматика	grammatika
Vokabular (n)	лексика	leksika
Phonetik (f)	фонетика	fonetika

Lehrbuch (n)	китеп	kitep
Wörterbuch (n)	сөздүк	søzdyk
Selbstlernbuch (n)	өзү үйрөткүч	øzy yjrøtkytʃ
Sprachführer (m)	тилачар	tilatʃar

Kassette (f)	кассета	kasseta
Videokassette (f)	видеокассета	videokasseta
CD (f)	CD, компакт-диск	sidi, kompakt-disk
DVD (f)	DVD-диск	dividi-disk

Alphabet (n)	алфавит	alfavit
buchstabieren (vt)	эжелеп айтуу	edʒelep ajtuu
Aussprache (f)	айтылышы	ajtılıʃı

Akzent (m)	акцент	aktsent
mit Akzent	акцент менен	aktsent menen
ohne Akzent	акцентсиз	aktsentsiz

Wort (n)	сөз	søz
Bedeutung (f)	маани	maani
Kurse (pl)	курстар	kurstar

| sich einschreiben | курска жазылуу | kurska dʒazıluu |
| Lehrer (m) | окутуучу | okutuutʃu |

Übertragung (f)	которуу	kotoruu
Übersetzung (f)	котормо	kotormo
Übersetzer (m)	котормочу	kotormotʃu
Dolmetscher (m)	оозеки котормочу	oozeki kotormotʃu

| Polyglott (m, f) | полиглот | poliglot |
| Gedächtnis (n) | эс тутум | es tutum |

MAHLZEITEN. RESTAURANT

48. Gedeck

Löffel (m)	кашык	kaʃık
Messer (n)	бычак	bɪʧak
Gabel (f)	вилка	vilka
Tasse (eine ~ Tee)	чөйчөк	ʧøjʧøk
Teller (m)	табак	tabak
Untertasse (f)	табак	tabak
Serviette (f)	майлык	majlık
Zahnstocher (m)	тиш чукугуч	tiʃ ʧukuguʧ

49. Restaurant

Restaurant (n)	ресторан	restoran
Kaffeehaus (n)	кофекана	kofekana
Bar (f)	бар	bar
Teesalon (m)	чай салону	ʧaj salonu
Kellner (m)	официант	ofitsiant
Kellnerin (f)	официант кыз	ofitsiant kız
Barmixer (m)	бармен	barmen
Speisekarte (f)	меню	menʉ
Weinkarte (f)	шарап картасы	ʃarap kartası
einen Tisch reservieren	столду камдык буйрутмалоо	stoldu kamdık bujrutmaloo
Gericht (n)	тамак	tamak
bestellen (vt)	буйрутма кылуу	bujrutma kıluu
eine Bestellung aufgeben	буйрутма берүү	bujrutma beryy
Aperitif (m)	аперитив	aperitiv
Vorspeise (f)	ысылык	ısılık
Nachtisch (m)	десерт	desert
Rechnung (f)	эсеп	esep
Rechnung bezahlen	эсеп төлөө	esep tøløø
das Wechselgeld geben	майда акчаны кайтаруу	majda akʧanı kajtaruu
Trinkgeld (n)	чайпул	ʧajpul

50. Mahlzeiten

Essen (n)	тамак	tamak
essen (vi, vt)	тамактануу	tamaktanuu

Frühstück (n)	таңкы тамак	taŋkı tamak
frühstücken (vi)	эртең менен тамактануу	erteŋ menen tamaktanuu
Mittagessen (n)	түшкү тамак	tyʃky tamak
zu Mittag essen	түштөнүү	tyʃtønyy
Abendessen (n)	кечки тамак	ketʃki tamak
zu Abend essen	кечки тамакты ичүү	ketʃki tamaktı itʃyy

| Appetit (m) | табит | tabit |
| Guten Appetit! | Тамагыңыз таттуу болсун! | tamagıŋız tattuu bolsun! |

öffnen (vt)	ачуу	atʃuu
verschütten (vt)	төгүп алуу	tøgyp aluu
verschüttet werden	төгүлүү	tøgylyy

kochen (vi)	кайноо	kajnoo
kochen (Wasser ~)	кайнатуу	kajnatuu
gekocht (Adj)	кайнатылган	kajnatılgan
kühlen (vt)	суутуу	suutuu
abkühlen (vi)	сууп туруу	suup turuu

| Geschmack (m) | даам | daam |
| Beigeschmack (m) | даамдануу | daamdanuu |

auf Diät sein	арыктоо	arıktoo
Diät (f)	мүнөз тамак	mynøz tamak
Vitamin (n)	витамин	vitamin
Kalorie (f)	калория	kalorija
Vegetarier (m)	эттен чанган	etten tʃangan
vegetarisch (Adj)	этсиз даярдалган	etsiz dajardalgan

Fett (n)	майлар	majlar
Protein (n)	белоктор	beloktor
Kohlenhydrat (n)	көмүрсуулар	kømyrsuular

Scheibchen (n)	кесим	kesim
Stück (ein ~ Kuchen)	бөлүк	bølyk
Krümel (m)	күкүм	kykym

51. Gerichte

Gericht (n)	тамак	tamak
Küche (f)	даам	daam
Rezept (n)	тамак жасоо ыкмасы	tamak dʒasoo ıkması
Portion (f)	порция	portsija

| Salat (m) | салат | salat |
| Suppe (f) | сорпо | sorpo |

Brühe (f), Bouillon (f)	ынак сорпо	ınak sorpo
belegtes Brot (n)	бутерброд	buterbrod
Spiegelei (n)	куурулган жумуртка	kuurulgan dʒumurtka
Hamburger (m)	гамбургер	gamburger
Beefsteak (n)	бифштекс	bifʃteks

Beilage (f)	гарнир	garnir
Spaghetti (pl)	спагетти	spagetti
Kartoffelpüree (n)	эзилген картошка	ezilgen kartoʃka
Pizza (f)	пицца	pitsa
Brei (m)	ботко	botko
Omelett (n)	омлет	omlet

gekocht	сууга бышырылган	suuga bıʃırılgan
geräuchert	ышталган	ıʃtalgan
gebraten	куурулган	kuurulgan
getrocknet	кургатылган	kurgatılgan
tiefgekühlt	тоңдурулган	toŋdurulgan
mariniert	маринаддагы	marinaddagı

süß	таттуу	tattuu
salzig	туздуу	tuzduu
kalt	муздак	muzdak
heiß	ысык	ısık
bitter	ачуу	atʃuu
lecker	даамдуу	daamduu

kochen (vt)	кайнатуу	kajnatuu
zubereiten (vt)	тамак бышыруу	tamak bıʃıruu
braten (vt)	кууруу	kuuruu
aufwärmen (vt)	жылытуу	dʒılıtuu

salzen (vt)	туздоо	tuzdoo
pfeffern (vt)	калемпир кошуу	kalempir koʃuu
reiben (vt)	сүргүлөө	syrgyløø
Schale (f)	сырты	sırtı
schälen (vt)	тазалоо	tazaloo

52. Essen

Fleisch (n)	эт	et
Hühnerfleisch (n)	тоок	took
Küken (n)	балапан	balapan
Ente (f)	өрдөк	ørdøk
Gans (f)	каз	kaz
Wild (n)	илбээсин	ilbeesin
Pute (f)	күрп	kyrp

Schweinefleisch (n)	чочко эти	tʃotʃko eti
Kalbfleisch (n)	торпок эти	torpok eti
Hammelfleisch (n)	кой эти	koj eti
Rindfleisch (n)	уй эти	uj eti
Kaninchenfleisch (n)	коен	koen

Wurst (f)	колбаса	kolbasa
Würstchen (n)	сосиска	sosiska
Schinkenspeck (m)	бекон	bekon
Schinken (m)	ветчина	vettʃina
Räucherschinken (m)	сан эт	san et
Pastete (f)	паштет	paʃtet

Leber (f)	боор	boor
Hackfleisch (n)	фарш	farʃ
Zunge (f)	тил	til
Ei (n)	жумуртка	ʤumurtka
Eier (pl)	жумурткалар	ʤumurtkalar
Eiweiß (n)	жумурттканын агы	ʤumurtkanın agı
Eigelb (n)	жумуртканын сарысы	ʤumurtkanın sarısı
Fisch (m)	балык	balık
Meeresfrüchte (pl)	деңиз азыктары	deŋiz azıktarı
Krebstiere (pl)	рак сыяктуулар	rak sıjaktuular
Kaviar (m)	урук	uruk
Krabbe (f)	краб	krab
Garnele (f)	креветка	krevetka
Auster (f)	устрица	ustriʦa
Languste (f)	лангуст	langust
Krake (m)	сегиз бут	segiz but
Kalmar (m)	кальмар	kalʲmar
Störfleisch (n)	осетрина	osetrina
Lachs (m)	лосось	lososʲ
Heilbutt (m)	палтус	paltus
Dorsch (m)	треска	treska
Makrele (f)	скумбрия	skumbrija
Tunfisch (m)	тунец	tuneʦ
Aal (m)	угорь	ugorʲ
Forelle (f)	форель	forelʲ
Sardine (f)	сардина	sardina
Hecht (m)	чортон	ʧorton
Hering (m)	сельдь	selʲdʲ
Brot (n)	нан	nan
Käse (m)	сыр	sır
Zucker (m)	кум шекер	kum-ʃeker
Salz (n)	туз	tuz
Reis (m)	күрүч	kyryʧ
Teigwaren (pl)	макарон	makaron
Nudeln (pl)	кесме	kesme
Butter (f)	ак май	ak maj
Pflanzenöl (n)	өсүмдүк майы	øsymdyk majı
Sonnenblumenöl (n)	күн карама майы	kyn karama majı
Margarine (f)	маргарин	margarin
Oliven (pl)	зайтун	zajtun
Olivenöl (n)	зайтун майы	zajtun majı
Milch (f)	сүт	syt
Kondensmilch (f)	коютулган сүт	kojutulgan syt
Joghurt (m)	йогурт	jogurt
saure Sahne (f)	сметана	smetana

Sahne (f)	каймак	kajmak
Mayonnaise (f)	майонез	majonez
Buttercreme (f)	крем	krem

Grütze (f)	акшак	akʃak
Mehl (n)	ун	un
Konserven (pl)	консерва	konserva

Maisflocken (pl)	жарылган жүгөрү	dʒarılgan dʒygøry
Honig (m)	бал	bal
Marmelade (f)	джем, конфитюр	dʒem, konfitʉr
Kaugummi (m, n)	сагыз	sagız

53. Getränke

Wasser (n)	суу	suu
Trinkwasser (n)	ичүүчү суу	itʃyytʃy suu
Mineralwasser (n)	минерал суусу	mineral suusu

still	газсыз	gazsız
mit Kohlensäure	газдалган	gazdalgan
mit Gas	газы менен	gazı menen
Eis (n)	муз	muz
mit Eis	музу менен	muzu menen

alkoholfrei (Adj)	алкоголсуз	alkogolsuz
alkoholfreies Getränk (n)	алкоголсуз ичимдик	alkogolsuz itʃimdik
Erfrischungsgetränk (n)	суусундук	suusunduk
Limonade (f)	лимонад	limonad

Spirituosen (pl)	спирт ичимдиктери	spirt itʃimdikteri
Wein (m)	шарап	ʃarap
Weißwein (m)	ак шарап	ak ʃarap
Rotwein (m)	кызыл шарап	kızıl ʃarap

Likör (m)	ликёр	likʲor
Champagner (m)	шампан	ʃampan
Wermut (m)	вермут	vermut

Whisky (m)	виски	viski
Wodka (m)	арак	arak
Gin (m)	джин	dʒin
Kognak (m)	коньяк	konjak
Rum (m)	ром	rom

Kaffee (m)	кофе	kofe
schwarzer Kaffee (m)	кара кофе	kara kofe
Milchkaffee (m)	сүттөлгөн кофе	syttølgøn kofe
Cappuccino (m)	капучино	kaputʃino
Pulverkaffee (m)	эрүүчү кофе	eryytʃy kofe

Milch (f)	сүт	syt
Cocktail (m)	коктейль	koktejlʲ
Milchcocktail (m)	сүт коктейли	syt koktejli

Saft (m)	шире	ʃire
Tomatensaft (m)	томат ширеси	tomat ʃiresi
Orangensaft (m)	апельсин ширеси	apelʲsin ʃiresi
frisch gepresster Saft (m)	туз сыгылып алынган шире	tyz sıgılıp alıngan ʃire

Bier (n)	сыра	sıra
Helles (n)	ачык сыра	atʃık sıra
Dunkelbier (n)	коңур сыра	koŋur sıra

Tee (m)	чай	tʃaj
schwarzer Tee (m)	кара чай	kara tʃaj
grüner Tee (m)	жашыл чай	dʒaʃıl tʃaj

54. Gemüse

Gemüse (n)	жашылча	dʒaʃıltʃa
grünes Gemüse (pl)	көк чөп	køk tʃøp

Tomate (f)	помидор	pomidor
Gurke (f)	бадыраң	badıraŋ
Karotte (f)	сабиз	sabiz
Kartoffel (f)	картошка	kartoʃka
Zwiebel (f)	пияз	pijaz
Knoblauch (m)	сарымсак	sarımsak

Kohl (m)	капуста	kapusta
Blumenkohl (m)	гүлдүү капуста	gyldyy kapusta
Rosenkohl (m)	брюссель капустасы	brʉsselʲ kapustası
Brokkoli (m)	брокколи капустасы	brokkoli kapustası

Rote Bete (f)	кызылча	kızıltʃa
Aubergine (f)	баклажан	bakladʒan
Zucchini (f)	кабачок	kabatʃok
Kürbis (m)	ашкабак	aʃkabak
Rübe (f)	шалгам	ʃalgam

Petersilie (f)	петрушка	petruʃka
Dill (m)	укроп	ukrop
Kopf Salat (m)	салат	salat
Sellerie (m)	сельдерей	selʲderej

Spargel (m)	спаржа	spardʒa
Spinat (m)	шпинат	ʃpinat

Erbse (f)	нокот	nokot
Bohnen (pl)	буурчак	buurtʃak

Mais (m)	жүгөрү	dʒygøry
weiße Bohne (f)	төө буурчак	tøø buurtʃak

Paprika (m)	таттуу перец	tattuu perets
Radieschen (n)	шалгам	ʃalgam
Artischocke (f)	артишок	artiʃok

55. Obst. Nüsse

Frucht (f)	мөмө	mømø
Apfel (m)	алма	alma
Birne (f)	алмурут	almurut
Zitrone (f)	лимон	limon
Apfelsine (f)	апельсин	apelʲsin
Erdbeere (f)	кулпунай	kulpunaj
Mandarine (f)	мандарин	mandarin
Pflaume (f)	кара өрүк	kara øryk
Pfirsich (m)	шабдаалы	ʃabdaalı
Aprikose (f)	өрүк	øryk
Himbeere (f)	дан куурай	dan kuuraj
Ananas (f)	ананас	ananas
Banane (f)	банан	banan
Wassermelone (f)	арбуз	arbuz
Weintrauben (pl)	жүзүм	dʒyzym
Sauerkirsche (f)	алча	altʃa
Süßkirsche (f)	гилас	gilas
Melone (f)	коон	koon
Grapefruit (f)	грейпфрут	grejpfrut
Avocado (f)	авокадо	avokado
Papaya (f)	папайя	papaja
Mango (f)	манго	mango
Granatapfel (m)	анар	anar
rote Johannisbeere (f)	кызыл карагат	kızıl karagat
schwarze Johannisbeere (f)	кара карагат	kara karagat
Stachelbeere (f)	крыжовник	krıdʒovnik
Heidelbeere (f)	кара моюл	kara mojul
Brombeere (f)	кара бүлдүркөн	kara byldyrkøn
Rosinen (pl)	мейиз	mejiz
Feige (f)	анжир	andʒir
Dattel (f)	курма	kurma
Erdnuss (f)	арахис	araχis
Mandel (f)	бадам	badam
Walnuss (f)	жаңгак	dʒaŋgak
Haselnuss (f)	токой жаңгагы	tokoj dʒaŋgagı
Kokosnuss (f)	кокос жаңгагы	kokos dʒaŋgagı
Pistazien (pl)	мисте	miste

56. Brot. Süßigkeiten

Konditorwaren (pl)	кондитер азыктары	konditer azıktarı
Brot (n)	нан	nan
Keks (m, n)	печенье	petʃenje
Schokolade (f)	шоколад	ʃokolad
Schokoladen-	шоколаддан	ʃokoladdan

Bonbon (m, n)	конфета	konfeta
Kuchen (m)	пирожное	piroʤnoe
Torte (f)	торт	tort

| Kuchen (Apfel-) | пирог | pirog |
| Füllung (f) | начинка | natʃinka |

Konfitüre (f)	кыям	kɪjam
Marmelade (f)	мармелад	marmelad
Waffeln (pl)	вафли	vafli
Eis (n)	бал муздак	bal muzdak
Pudding (m)	пудинг	puding

57. Gewürze

Salz (n)	туз	tuz
salzig (Adj)	туздуу	tuzduu
salzen (vt)	туздоо	tuzdoo

schwarzer Pfeffer (m)	кара мурч	kara murtʃ
roter Pfeffer (m)	кызыл калемпир	kɪzɪl kalempir
Senf (m)	горчица	gortʃitsa
Meerrettich (m)	хрен	χren

Gewürz (n)	татымал	tatɪmal
Gewürz (n)	татымал	tatɪmal
Soße (f)	соус	sous
Essig (m)	уксус	uksus

Anis (m)	анис	anis
Basilikum (n)	райхон	rajχon
Nelke (f)	гвоздика	gvozdika
Ingwer (m)	имбирь	imbirʲ
Koriander (m)	кориандр	koriandr
Zimt (m)	корица	koritsa

Sesam (m)	кунжут	kunʤut
Lorbeerblatt (n)	лавр жалбырагы	lavr ʤalbɪragɪ
Paprika (m)	паприка	paprika
Kümmel (m)	зира	zira
Safran (m)	заапаран	zaaparan

PERSÖNLICHE INFORMATIONEN. FAMILIE

58. Persönliche Informationen. Formulare

Vorname (m)	аты	atı
Name (m)	фамилиясы	familijası
Geburtsdatum (n)	төрөлгөн күнү	tørølgøn kyny
Geburtsort (m)	туулган жери	tuulgan dʒeri
Nationalität (f)	улуту	ulutu
Wohnort (m)	жашаган жери	dʒaʃagan dʒeri
Land (n)	өлкө	ølkø
Beruf (m)	кесиби	kesibi
Geschlecht (n)	жынысы	dʒınısı
Größe (f)	бою	boju
Gewicht (n)	салмак	salmak

59. Familienmitglieder. Verwandte

Mutter (f)	эне	ene
Vater (m)	ата	ata
Sohn (m)	уул	uul
Tochter (f)	кыз	kız
jüngste Tochter (f)	кичүү кыз	kitʃyy kız
jüngste Sohn (m)	кичүү уул	kitʃyy uul
ältere Tochter (f)	улуу кыз	uluu kız
älterer Sohn (m)	улуу уул	uluu uul
Bruder (m)	бир тууган	bir tuugan
älterer Bruder (m)	байке	bajke
jüngerer Bruder (m)	ини	ini
Schwester (f)	бир тууган	bir tuugan
ältere Schwester (f)	эже	edʒe
jüngere Schwester (f)	синди	siŋdi
Cousin (m)	атасы же энеси бир тууган	atası dʒe enesi bir tuugan
Cousine (f)	атасы же энеси бир тууган	atası dʒe enesi bir tuugan
Mama (f)	апа	apa
Papa (m)	ата	ata
Eltern (pl)	ата-эне	ata-ene
Kind (n)	бала	bala
Kinder (pl)	балдар	baldar
Großmutter (f)	чоң апа	tʃoŋ apa

Großvater (m)	чоң ата	tʃoŋ ata
Enkel (m)	небере бала	nebere bala
Enkelin (f)	небере кыз	nebere kız
Enkelkinder (pl)	небере лер	nebereler

Onkel (m)	таяке	tajake
Tante (f)	таяже	tajadʒe
Neffe (m)	ини	ini
Nichte (f)	жээн	dʒeen

Schwiegermutter (f)	кайын эне	kajın ene
Schwiegervater (m)	кайын ата	kajın ata
Schwiegersohn (m)	күйөө бала	kyjøø bala
Stiefmutter (f)	өгөй эне	øgøj ene
Stiefvater (m)	өгөй ата	øgøj ata

Säugling (m)	эмчектеги бала	emtʃektegi bala
Kleinkind (n)	ымыркай	ımırkaj
Kleine (m)	бөбөк	bøbøk

Frau (f)	аял	ajal
Mann (m)	эр	er
Ehemann (m)	күйөө	kyjøø
Gemahlin (f)	зайып	zajıp

verheiratet (Ehemann)	аялы бар	ajalı bar
verheiratet (Ehefrau)	күйөөдө	kyjøødø
ledig	бойдок	bojdok
Junggeselle (m)	бойдок	bojdok
geschieden (Adj)	ажырашкан	adʒıraʃkan
Witwe (f)	жесир	dʒesir
Witwer (m)	жесир	dʒesir

Verwandte (m)	тууган	tuugan
naher Verwandter (m)	жакын тууган	dʒakın tuugan
entfernter Verwandter (m)	алыс тууган	alıs tuugan
Verwandte (pl)	бир тууган	bir tuugan

Waise (m, f)	жетим	dʒetim
Vormund (m)	камкорчу	kamkortʃu
adoptieren (einen Jungen)	уул кылып асырап алуу	uul kılıp asırap aluu
adoptieren (ein Mädchen)	кыз кылып асырап алуу	kız kılıp asırap aluu

60. Freunde. Arbeitskollegen

Freund (m)	дос	dos
Freundin (f)	курбу	kurbu
Freundschaft (f)	достук	dostuk
befreundet sein	достошуу	dostoʃuu

Freund (m)	шерик	ʃerik
Freundin (f)	шерик кыз	ʃerik kız
Partner (m)	өнөктөш	ønøktøʃ
Chef (m)	башчы	baʃtʃı

Vorgesetzte (m)	башчы	baʃʧı
Besitzer (m)	кожоюн	koʤoʤʉn
Untergeordnete (m)	кол астындагы	kol astındagı
Kollege (m), Kollegin (f)	кесиптеш	kesipteʃ
Bekannte (m)	тааныш	taanıʃ
Reisegefährte (m)	жолдош	ʤoldoʃ
Mitschüler (m)	классташ	klasstaʃ
Nachbar (m)	кошуна	koʃuna
Nachbarin (f)	кошуна	koʃuna
Nachbarn (pl)	кошуналар	koʃunalar

MENSCHLICHER KÖRPER. MEDIZIN

61. Kopf

Kopf (m)	баш	baʃ
Gesicht (n)	бет	bet
Nase (f)	мурун	murun
Mund (m)	ооз	ooz
Auge (n)	көз	køz
Augen (pl)	көздөр	køzdør
Pupille (f)	карек	karek
Augenbraue (f)	каш	kaʃ
Wimper (f)	кирпик	kirpik
Augenlid (n)	кабак	kabak
Zunge (f)	тил	til
Zahn (m)	тиш	tiʃ
Lippen (pl)	эриндер	erinder
Backenknochen (pl)	бет сөөгү	bet søøgy
Zahnfleisch (n)	тиш эти	tiʃ eti
Gaumen (m)	таңдай	taŋdaj
Nasenlöcher (pl)	мурун тешиги	murun teʃigi
Kinn (n)	ээк	eek
Kiefer (m)	жаак	dʒaak
Wange (f)	бет	bet
Stirn (f)	чеке	tʃeke
Schläfe (f)	чыкый	tʃɪkɪj
Ohr (n)	кулак	kulak
Nacken (m)	желке	dʒelke
Hals (m)	моюн	mojʉn
Kehle (f)	тамак	tamak
Haare (pl)	чач	tʃatʃ
Frisur (f)	чач жасоо	tʃatʃ dʒasoo
Haarschnitt (m)	чач кыркуу	tʃatʃ kɪrkuu
Perücke (f)	парик	parik
Schnurrbart (m)	мурут	murut
Bart (m)	сакал	sakal
haben (einen Bart ~)	мурут коюу	murut kojʉu
Zopf (m)	өрүм чач	ørym tʃatʃ
Backenbart (m)	бакенбарда	bakenbarda
rothaarig	сары	sarı
grau	ак чачтуу	ak tʃatʃtuu
kahl	таз	taz
Glatze (f)	кашка	kaʃka

Pferdeschwanz (m)	куйрук	kujruk
Pony (Ponyfrisur)	көкүл	køkyl

62. Menschlicher Körper

Hand (f)	беш манжа	beʃ mandʒa
Arm (m)	кол	kol

Finger (m)	манжа	mandʒa
Zehe (f)	манжа	mandʒa
Daumen (m)	бармак	barmak
kleiner Finger (m)	чыпалак	tʃıpalak
Nagel (m)	тырмак	tırmak

Faust (f)	муштум	muʃtum
Handfläche (f)	алакан	alakan
Handgelenk (n)	билек	bilek
Unterarm (m)	каруу	karuu
Ellbogen (m)	чыканак	tʃıkanak
Schulter (f)	ийин	ijin

Bein (n)	бут	but
Fuß (m)	таман	taman
Knie (n)	тизе	tize
Wade (f)	балтыр	baltır
Hüfte (f)	сан	san
Ferse (f)	согончок	sogontʃok

Körper (m)	дене	dene
Bauch (m)	курсак	kursak
Brust (f)	төш	tøʃ
Busen (m)	эмчек	emtʃek
Seite (f), Flanke (f)	каптал	kaptal
Rücken (m)	арка жон	arka dʒon
Kreuz (n)	бел	bel
Taille (f)	бел	bel

Nabel (m)	киндик	kindik
Gesäßbacken (pl)	жамбаш	dʒambaʃ
Hinterteil (n)	көчүк	køtʃyk

Leberfleck (m)	мең	meŋ
Muttermal (n)	кал	kal
Tätowierung (f)	татуировка	tatuirovka
Narbe (f)	тырык	tırık

63. Krankheiten

Krankheit (f)	оору	ooru
krank sein	ооруу	ooruu
Gesundheit (f)	ден-соолук	den-sooluk
Schnupfen (m)	мурдунан суу агуу	murdunan suu aguu

Angina (f)	ангина	angina
Erkältung (f)	суук тийүү	suuk tijyy
sich erkälten	суук тийгизип алуу	suuk tijgizip aluu

Bronchitis (f)	бронхит	bronχit
Lungenentzündung (f)	кабыргадан сезгенүү	kabırgadan sezgenyy
Grippe (f)	сасык тумоо	sasık tumoo

kurzsichtig	алыстан көрө албоо	alıstan kørø alboo
weitsichtig	жакындан көрө албоо	dʒakından kørø alboo
Schielen (n)	кылый көздүүлүк	kılıj køzdyylyk
schielend (Adj)	кылый көздүүлүк	kılıj køzdyylyk
grauer Star (m)	челкөз	tʃelkøz
Glaukom (n)	глаукома	glaukoma

Schlaganfall (m)	мээге кан куюлуу	meege kan kujʉluu
Infarkt (m)	инфаркт	infarkt
Herzinfarkt (m)	инфаркт миокарда	infarkt miokarda
Lähmung (f)	шал	ʃal
lähmen (vt)	шал болуу	ʃal boluu

Allergie (f)	аллергия	allergija
Asthma (n)	астма	astma
Diabetes (m)	диабет	diabet

| Zahnschmerz (m) | тиш оорусу | tiʃ oorusu |
| Karies (f) | кариес | karies |

Durchfall (m)	ич өткү	itʃ øtky
Verstopfung (f)	ич катуу	itʃ katuu
Magenverstimmung (f)	ич бузулгандык	itʃ buzulgandık
Vergiftung (f)	уулануу	uulanuu
Vergiftung bekommen	уулануу	uulanuu

Arthritis (f)	артрит	artrit
Rachitis (f)	итий	itij
Rheumatismus (m)	кызыл жүгүрүк	kızıl dʒygyryk
Atherosklerose (f)	атеросклероз	ateroskleroz

Gastritis (f)	карын сезгенүүсу	karın sezgenyysu
Blinddarmentzündung (f)	аппендицит	appenditsit
Cholezystitis (f)	холецистит	χoletsistit
Geschwür (n)	жара	dʒara

Masern (pl)	кызылча	kızıltʃa
Röteln (pl)	кызамык	kızamık
Gelbsucht (f)	сарык	sarık
Hepatitis (f)	гепатит	gepatit

Schizophrenie (f)	шизофрения	ʃizofrenija
Tollwut (f)	кутурма	kuturma
Neurose (f)	невроз	nevroz
Gehirnerschütterung (f)	мээнин чайкалышы	meenin tʃajkalıʃı

| Krebs (m) | рак | rak |
| Sklerose (f) | склероз | skleroz |

multiple Sklerose (f)	жайылган склероз	dʒajılgan skleroz
Alkoholismus (m)	аракечтик	araketʃtik
Alkoholiker (m)	аракеч	araketʃ
Syphilis (f)	котон жара	koton dʒara
AIDS	СПИД	spid

Tumor (m)	шишик	ʃiʃik
bösartig	залалдуу	zalalduu
gutartig	залалсыз	zalalsız

Fieber (n)	безгек	bezgek
Malaria (f)	безгек	bezgek
Gangrän (f, n)	кабыз	kabız
Seekrankheit (f)	деңиз оорусу	deŋiz oorusu
Epilepsie (f)	талма	talma

Epidemie (f)	эпидемия	epidemija
Typhus (m)	келте	kelte
Tuberkulose (f)	кургак учук	kurgak utʃuk
Cholera (f)	холера	xolera
Pest (f)	кара тумоо	kara tumoo

64. Symptome. Behandlungen. Teil 1

Symptom (n)	белги	belgi
Temperatur (f)	дене табынын көтөрүлүшү	dene tabının køtørylyʃy
Fieber (n)	жогорку температура	dʒogorku temperatura
Puls (m)	тамыр кагышы	tamır kagıʃı

Schwindel (m)	баш айлануу	baʃ ajlanuu
heiß (Stirne usw.)	ысык	ısık
Schüttelfrost (m)	чыйрыгуу	tʃijrıguu
blass (z.B. -es Gesicht)	купкуу	kupkuu

Husten (m)	жөтөл	dʒøtøl
husten (vi)	жөтөлүү	dʒøtølyy
niesen (vi)	чүчкүрүү	tʃytʃkyryy
Ohnmacht (f)	эси оо	esi oo
ohnmächtig werden	эсиооп жыгылуу	esi oop dʒıgıluu

blauer Fleck (m)	көк-ала	køk-ala
Beule (f)	шишик	ʃiʃik
sich stoßen	урунуп алуу	urunup aluu
Prellung (f)	көгөртүп алуу	køgørtyp aluu
sich stoßen	көгөртүп алуу	køgørtyp aluu

hinken (vi)	аксоо	aksoo
Verrenkung (f)	муундун чыгып кетүүсү	muundun tʃıgıp ketyysy
ausrenken (vt)	чыгарып алуу	tʃıgarıp aluu
Fraktur (f)	сынуу	sınuu
brechen (Arm usw.)	сындырып алуу	sındırıp aluu
Schnittwunde (f)	кесилген жер	kesilgen dʒer
sich schneiden	кесип алуу	kesip aluu

Blutung (f)	кан кетүү	kan ketyy
Verbrennung (f)	күйүк	kyjyk
sich verbrennen	күйгүзүп алуу	kyjgyzyp aluu

stechen (vt)	саюу	sajuu
sich stechen	сайып алуу	sajıp aluu
verletzen (vt)	кокустатып алуу	kokustatıp aluu
Verletzung (f)	кокустатып алуу	kokustatıp aluu
Wunde (f)	жара	dʒara
Trauma (n)	жаракат	dʒarakat

irrereden (vi)	жөлүү	dʒølyy
stottern (vi)	кекечтенүү	keketʃenyy
Sonnenstich (m)	күн өтүү	kyn øtyy

65. Symptome. Behandlungen. Teil 2

| Schmerz (m) | оору | ooru |
| Splitter (m) | тикен | tiken |

Schweiß (m)	тер	ter
schwitzen (vi)	тердөө	terdøø
Erbrechen (n)	кусуу	kusuu
Krämpfe (pl)	тарамыш карышуусу	taramıʃ karıʃuusu

schwanger	кош бойлуу	koʃ bojluu
geboren sein	төрөлүү	tørølyy
Geburt (f)	төрөт	tørøt
gebären (vt)	төрөө	tørøø
Abtreibung (f)	бойдон түшүрүү	bojdon tyʃyryy

Atem (m)	дем алуу	dem aluu
Atemzug (m)	дем алуу	dem aluu
Ausatmung (f)	дем чыгаруу	dem tʃıgaruu
ausatmen (vt)	дем чыгаруу	dem tʃıgaruu
einatmen (vt)	дем алуу	dem aluu

Invalide (m)	майып	majıp
Krüppel (m)	мунжу	mundʒu
Drogenabhängiger (m)	баңги	baŋgi

taub	дүлөй	dyløj
stumm	дудук	duduk
taubstumm	дудук	duduk

verrückt (Adj)	жин тийген	dʒin tijgen
Irre (m)	жинди чалыш	dʒindi tʃalıʃ
Irre (f)	жинди чалыш	dʒindi tʃalıʃ
den Verstand verlieren	мээси айныган	meesi ajnıgan

Gen (n)	ген	gen
Immunität (f)	иммунитет	immunitet
erblich	тукум куучулук	tukum kuutʃuluk
angeboren	тубаса	tubasa

Virus (m, n)	вирус	virus
Mikrobe (f)	микроб	mikrob
Bakterie (f)	бактерия	bakterija
Infektion (f)	жугуштуу илдет	dʒuguʃtuu ildet

66. Symptome. Behandlungen. Teil 3

| Krankenhaus (n) | оорукана | oorukana |
| Patient (m) | бейтап | bejtap |

Diagnose (f)	дарт аныктоо	dart anıktoo
Heilung (f)	дарылоо	darıloo
Behandlung (f)	дарылоо	darıloo
Behandlung bekommen	дарылануу	darılanuu
behandeln (vt)	дарылоо	darıloo
pflegen (Kranke)	кароо	karoo
Pflege (f)	кароо	karoo

Operation (f)	операция	operatsija
verbinden (vt)	жараны таңуу	dʒaranı taŋuu
Verband (m)	таңуу	taŋuu

Impfung (f)	эмдөө	emdøø
impfen (vt)	эмдөө	emdøø
Spritze (f)	ийне салуу	ijne saluu
eine Spritze geben	ийне сайдыруу	ijne sajdıruu

Anfall (m)	оору кармап калуу	ooru karmap kaluu
Amputation (f)	кесүү	kesyy
amputieren (vt)	кесип таштоо	kesip taʃtoo
Koma (n)	кома	koma
im Koma liegen	комада болуу	komada boluu
Reanimation (f)	реанимация	reanimatsija

genesen von ... (vi)	сакаюу	sakajɥu
Zustand (m)	абал	abal
Bewusstsein (n)	эсинде	esinde
Gedächtnis (n)	эс тутум	es tutum

ziehen (einen Zahn ~)	тишти жулуу	tiʃti dʒuluu
Plombe (f)	пломба	plomba
plombieren (vt)	пломба салуу	plomba saluu

| Hypnose (f) | гипноз | gipnoz |
| hypnotisieren (vt) | гипноз кылуу | gipnoz kıluu |

67. Medizin. Medikamente. Accessoires

Arznei (f)	дары-дармек	darı-darmek
Heilmittel (n)	дары	darı
verschreiben (vt)	жазып берүү	dʒazıp beryy
Rezept (n)	рецепт	retsept

Tablette (f)	таблетка	tabletka
Salbe (f)	май	maj
Ampulle (f)	ампула	ampula
Mixtur (f)	аралашма	aralaʃma
Sirup (m)	сироп	sirop
Pille (f)	пилюля	piluˡlʲa
Pulver (n)	күкүм	kykym

Verband (m)	бинт	bint
Watte (f)	пахта	paχta
Jod (n)	йод	jod

Pflaster (n)	лейкопластырь	lejkoplastırˡ
Pipette (f)	дары тамызгыч	darı tamızgıʧ
Thermometer (n)	градусник	gradusnik
Spritze (f)	шприц	ʃprits

| Rollstuhl (m) | майып арабасы | majıp arabası |
| Krücken (pl) | колтук таяк | koltuk tajak |

Betäubungsmittel (n)	оору сездирбөөчү дары	ooru sezdirbøøʧy darı
Abführmittel (n)	ич алдыруучу дары	iʧ aldıruuʧu darı
Spiritus (m)	спирт	spirt
Heilkraut (n)	дары чөптөр	darı ʧøptør
Kräuter- (z.B. Kräutertee)	чөп чайы	ʧøp ʧajı

WOHNUNG

68. Wohnung

Wohnung (f)	батир	batir
Zimmer (n)	бөлмө	bølmø
Schlafzimmer (n)	уктоочу бөлмө	uktootʃu bølmø
Esszimmer (n)	ашкана	aʃkana
Wohnzimmer (n)	конок үйү	konok yjy
Arbeitszimmer (n)	иш бөлмөсү	iʃ bølmøsy
Vorzimmer (n)	кире бериш	kire beriʃ
Badezimmer (n)	ванная	vannaja
Toilette (f)	даараткана	daaratkana
Decke (f)	шып	ʃɪp
Fußboden (m)	пол	pol
Ecke (f)	бурч	burtʃ

69. Möbel. Innenausstattung

Möbel (n)	эмерек	emerek
Tisch (m)	стол	stol
Stuhl (m)	стул	stul
Bett (n)	керебет	kerebet
Sofa (n)	диван	divan
Sessel (m)	олпок отургуч	olpok oturgutʃ
Bücherschrank (m)	китеп шкафы	kitep ʃkafɪ
Regal (n)	текче	tektʃe
Schrank (m)	шкаф	ʃkaf
Hakenleiste (f)	кийим илгич	kijim ilgitʃ
Kleiderständer (m)	кийим илгич	kijim ilgitʃ
Kommode (f)	комод	komod
Couchtisch (m)	журнал столу	dʒurnal stolu
Spiegel (m)	күзгү	kyzgy
Teppich (m)	килем	kilem
Matte (kleiner Teppich)	килемче	kilemtʃe
Kamin (m)	очок	otʃok
Kerze (f)	шам	ʃam
Kerzenleuchter (m)	шамдал	ʃamdal
Vorhänge (pl)	парда	parda
Tapete (f)	туш кагаз	tuʃ kagaz

Jalousie (f)	жалюзи	dʒaldʒuzi
Tischlampe (f)	стол чырагы	stol tʃɯragɯ
Leuchte (f)	чырак	tʃɯrak
Stehlampe (f)	торшер	torʃer
Kronleuchter (m)	асма шам	asma ʃam

Bein (Tischbein usw.)	бут	but
Armlehne (f)	чыканак такооч	tʃɯkanak takootʃ
Lehne (f)	желенгүч	dʒøløngytʃ
Schublade (f)	суурма	suurma

70. Bettwäsche

Bettwäsche (f)	шейшеп	ʃejʃep
Kissen (n)	жаздык	dʒazdɯk
Kissenbezug (m)	жаздык кап	dʒazdɯk kap
Bettdecke (f)	жууркан	dʒuurkan
Laken (n)	шейшеп	ʃejʃep
Tagesdecke (f)	жапкыч	dʒapkɯtʃ

71. Küche

Küche (f)	ашкана	aʃkana
Gas (n)	газ	gaz
Gasherd (m)	газ плитасы	gaz plitasɯ
Elektroherd (m)	электр плитасы	elektr plitasɯ
Backofen (m)	духовка	duxovka
Mikrowellenherd (m)	микротолкун меши	mikrotolkun meʃi

Kühlschrank (m)	муздаткыч	muzdatkɯtʃ
Tiefkühltruhe (f)	тоңдургуч	toŋdurgutʃ
Geschirrspülmaschine (f)	идиш жуучу машина	idiʃ dʒuutʃu maʃina

Fleischwolf (m)	эт туурагыч	et tuuragɯtʃ
Saftpresse (f)	шире сыккыч	ʃire sɯkkɯtʃ
Toaster (m)	тостер	toster
Mixer (m)	миксер	mikser

Kaffeemaschine (f)	кофе кайnaткыч	kofe kajnatkɯtʃ
Kaffeekanne (f)	кофе кайнатуучу идиш	kofe kajnatuutʃu idiʃ
Kaffeemühle (f)	кофе майдалагыч	kofe majdalagɯtʃ

Wasserkessel (m)	чайнек	tʃajnek
Teekanne (f)	чайнек	tʃajnek
Deckel (m)	капкак	kapkak
Teesieb (n)	чыпка	tʃɯpka

Löffel (m)	кашык	kaʃɯk
Teelöffel (m)	чай кашык	tʃaj kaʃɯk
Esslöffel (m)	аш кашык	aʃ kaʃɯk
Gabel (f)	вилка	vilka
Messer (n)	бычак	bɯtʃak

Geschirr (n)	идиш-аяк	idiʃ-ajak
Teller (m)	табак	tabak
Untertasse (f)	табак	tabak

Schnapsglas (n)	рюмка	rumka
Glas (n)	ыстакан	ıstakan
Tasse (f)	чөйчөк	ʧøjʧøk

Zuckerdose (f)	кум шекер салгыч	kum ʃeker salgıʧ
Salzstreuer (m)	туз салгыч	tuz salgıʧ
Pfefferstreuer (m)	мурч салгыч	murʧ salgıʧ
Butterdose (f)	май салгыч	maj salgıʧ

Kochtopf (m)	мискей	miskej
Pfanne (f)	табак	tabak
Schöpflöffel (m)	чөмүч	ʧømyʧ
Durchschlag (m)	депкир	depkir
Tablett (n)	батыныс	batınıs

Flasche (f)	бөтөлкө	bøtølkø
Glas (Einmachglas)	банка	banka
Dose (f)	банка	banka

Flaschenöffner (m)	ачкыч	aʧkıʧ
Dosenöffner (m)	ачкыч	aʧkıʧ
Korkenzieher (m)	штопор	ʃtopor
Filter (n)	чыпка	ʧıpka
filtern (vt)	чыпкалоо	ʧıpkaloo

| Müll (m) | таштанды | taʃtandı |
| Mülleimer, Treteimer (m) | таштанды чака | taʃtandı ʧaka |

72. Bad

Badezimmer (n)	ванная	vannaja
Wasser (n)	суу	suu
Wasserhahn (m)	чорго	ʧorgo
Warmwasser (n)	ысык суу	ısık suu
Kaltwasser (n)	муздак суу	muzdak suu

Zahnpasta (f)	тиш пастасы	tiʃ pastası
Zähne putzen	тиш жуу	tiʃ dʒuu
Zahnbürste (f)	тиш щёткасы	tiʃ ʃʧʼotkası

sich rasieren	кырынуу	kırınuu
Rasierschaum (m)	кырынуу үчүн көбүк	kırınuu yʧyn købyk
Rasierer (m)	устара	ustara

waschen (vt)	жуу	dʒuu
sich waschen	жуунуу	dʒuunuu
Dusche (f)	душ	duʃ
sich duschen	душка түшүү	duʃka tyʃyy
Badewanne (f)	ванна	vanna
Klosettbecken (n)	унитаз	unitaz

Waschbecken (n)	раковина	rakovina
Seife (f)	самын	samın
Seifenschale (f)	самын салгыч	samın salgıtʃ

Schwamm (m)	губка	gubka
Shampoo (n)	шампунь	ʃampunʲ
Handtuch (n)	сүлгү	sylgy
Bademantel (m)	халат	χalat

Wäsche (f)	кир жуу	kir dʒuu
Waschmaschine (f)	кир жуучу машина	kir dʒuutʃu maʃina
waschen (vt)	кир жуу	kir dʒuu
Waschpulver (n)	кир жуучу порошок	kir dʒuutʃu poroʃok

73. Haushaltsgeräte

Fernseher (m)	сыналгы	sınalgı
Tonbandgerät (n)	магнитофон	magnitofon
Videorekorder (m)	видеомагнитофон	videomagnitofon
Empfänger (m)	үналгы	ynalgı
Player (m)	плеер	pleer

Videoprojektor (m)	видеопроектор	videoproektor
Heimkino (n)	үй кинотеатры	yj kinoteatrı
DVD-Player (m)	DVD ойноткуч	dividi ojnotkutʃ
Verstärker (m)	күчөткүч	kytʃøtkytʃ
Spielkonsole (f)	оюн приставкасы	ojun pristavkası

Videokamera (f)	видеокамера	videokamera
Kamera (f)	фотоаппарат	fotoapparat
Digitalkamera (f)	санарип камерасы	sanarip kamerası

Staubsauger (m)	чаң соргуч	tʃaŋ sorgutʃ
Bügeleisen (n)	үтүк	ytyk
Bügelbrett (n)	үтүктөөчү тактай	ytyktøøtʃy taktaj

Telefon (n)	телефон	telefon
Mobiltelefon (n)	мобилдик	mobildik
Schreibmaschine (f)	машинка	maʃinka
Nähmaschine (f)	кийим тигүүчү машинка	kijim tigyytʃy maʃinka

Mikrophon (n)	микрофон	mikrofon
Kopfhörer (m)	кулакчын	kulaktʃın
Fernbedienung (f)	пульт	pulʲt

CD (f)	CD, компакт-диск	sidi, kompakt-disk
Kassette (f)	кассета	kasseta
Schallplatte (f)	пластинка	plastinka

DIE ERDE. WETTER

74. Weltall

Kosmos (m)	космос	kosmos
kosmisch, Raum-	космос	kosmos
Weltraum (m)	космос мейкиндиги	kosmos mejkindigi
All (n)	дүйнө	dyjnø
Universum (n)	аалам	aalam
Galaxie (f)	галактика	galaktika
Stern (m)	жылдыз	dʒıldız
Gestirn (n)	жылдыздар	dʒıldızdar
Planet (m)	планета	planeta
Satellit (m)	жолдош	dʒoldoʃ
Meteorit (m)	метеорит	meteorit
Komet (m)	комета	kometa
Asteroid (m)	астероид	asteroid
Umlaufbahn (f)	орбита	orbita
sich drehen	айлануу	ajlanuu
Atmosphäre (f)	атмосфера	atmosfera
Sonne (f)	күн	kyn
Sonnensystem (n)	күн системасы	kyn sisteması
Sonnenfinsternis (f)	күндүн тутулушу	kyndyn tutuluʃu
Erde (f)	Жер	dʒer
Mond (m)	Ай	aj
Mars (m)	Марс	mars
Venus (f)	Венера	venera
Jupiter (m)	Юпитер	jʉpiter
Saturn (m)	Сатурн	saturn
Merkur (m)	Меркурий	merkurij
Uran (m)	Уран	uran
Neptun (m)	Нептун	neptun
Pluto (m)	Плутон	pluton
Milchstraße (f)	Саманчынын жолу	samantʃının dʒolu
Der Große Bär	Чоң Жетиген	tʃoŋ dʒetigen
Polarstern (m)	Полярдык Жылдыз	polʲardık dʒıldız
Marsbewohner (m)	марсианин	marsianin
Außerirdischer (m)	инопланетянин	inoplanetʲanin
außerirdisches Wesen (n)	келгин	kelgin

fliegende Untertasse (f)	учуучу табак	utʃuutʃu tabak
Raumschiff (n)	космос кемеси	kosmos kemesi
Raumstation (f)	орбитадагы станция	orbitadagı stantsija
Raketenstart (m)	старт	start

Triebwerk (n)	кыймылдаткыч	kıjmıldatkıtʃ
Düse (f)	сопло	soplo
Treibstoff (m)	күйүүчү май	kyjyytʃy may

Kabine (f)	кабина	kabina
Antenne (f)	антенна	antenna

Bullauge (n)	иллюминатор	illɥminator
Sonnenbatterie (f)	күн батареясы	kyn batarejası
Raumanzug (m)	скафандр	skafandr

Schwerelosigkeit (f)	салмаксыздык	salmaksızdık
Sauerstoff (m)	кислород	kislorod

Ankopplung (f)	жалгаштыруу	dʒalgaʃtıruu
koppeln (vi)	жалгаштыруу	dʒalgaʃtıruu

Observatorium (n)	обсерватория	observatorija
Teleskop (n)	телескоп	teleskop

beobachten (vt)	байкоо	bajkoo
erforschen (vt)	изилдөө	izildøø

75. Die Erde

Erde (f)	Жер	dʒer
Erdkugel (f)	жер шары	dʒer ʃarı
Planet (m)	планета	planeta

Atmosphäre (f)	атмосфера	atmosfera
Geographie (f)	география	geografija
Natur (f)	табийгат	tabijgat

Globus (m)	глобус	globus
Landkarte (f)	карта	karta
Atlas (m)	атлас	atlas

Europa (n)	Европа	evropa
Asien (n)	Азия	azija

Afrika (n)	Африка	afrika
Australien (n)	Австралия	avstralija

Amerika (n)	Америка	amerika
Nordamerika (n)	Северная Америка	severnaja amerika
Südamerika (n)	Южная Америка	jɥdʒnaja amerika

Antarktis (f)	Антарктида	antarktida
Arktis (f)	Арктика	arktika

76. Himmelsrichtungen

Norden (m)	түндүк	tyndyk
nach Norden	түндүккө	tyndykkø
im Norden	түндүктө	tyndyktø
nördlich	түндүк	tyndyk
Süden (m)	түштүк	tyʃtyk
nach Süden	түштүккө	tyʃtykkø
im Süden	түштүктө	tyʃtyktø
südlich	түштүк	tyʃtyk
Westen (m)	батыш	batıʃ
nach Westen	батышка	batıʃka
im Westen	батышта	batıʃta
westlich, West-	батыш	batıʃ
Osten (m)	чыгыш	ʧıgıʃ
nach Osten	чыгышка	ʧıgıʃka
im Osten	чыгышта	ʧıgıʃta
östlich	чыгыш	ʧıgıʃ

77. Meer. Ozean

Meer (n), See (f)	деңиз	deŋiz
Ozean (m)	мухит	muχit
Golf (m)	булуң	buluŋ
Meerenge (f)	кысык	kısık
Festland (n)	жер	dʒer
Kontinent (m)	материк	materik
Insel (f)	арал	aral
Halbinsel (f)	жарым арал	dʒarım aral
Archipel (m)	архипелаг	arχipelag
Bucht (f)	булуң	buluŋ
Hafen (m)	гавань	gavanʲ
Lagune (f)	лагуна	laguna
Kap (n)	тумшук	tumʃuk
Atoll (n)	атолл	atoll
Riff (n)	риф	rif
Koralle (f)	маржан	mardʒan
Korallenriff (n)	маржан рифи	mardʒan rifi
tief (Adj)	терең	tereŋ
Tiefe (f)	тереңдик	tereŋdik
Abgrund (m)	түбү жок	tyby dʒok
Graben (m)	ойдуң	ojduŋ
Strom (m)	агым	agım
umspülen (vt)	курчап туруу	kurʧap turuu

| Ufer (n) | жээк | dʒeek |
| Küste (f) | жээк | dʒeek |

Flut (f)	суунун көтөрүлүшү	suunun køtørylyʃy
Ebbe (f)	суунун тартылуусу	suunun tartıluusu
Sandbank (f)	тайыздык	tajızdık
Boden (m)	суунун түбү	suunun tyby

Welle (f)	толкун	tolkun
Wellenkamm (m)	толкундун кыры	tolkundun kırı
Schaum (m)	көбүк	købyk

Sturm (m)	бороон чапкын	boroon ʧapkın
Orkan (m)	бороон	boroon
Tsunami (m)	цунами	tsunami
Windstille (f)	штиль	ʃtilʲ
ruhig	тынч	tınʧ

| Pol (m) | уюл | ujʉl |
| Polar- | полярдык | polʲardık |

Breite (f)	кеңдик	keŋdik
Länge (f)	узундук	uzunduk
Breitenkreis (m)	параллель	parallelʲ
Äquator (m)	экватор	ekvator

Himmel (m)	асман	asman
Horizont (m)	горизонт	gorizont
Luft (f)	аба	aba

Leuchtturm (m)	маяк	majak
tauchen (vi)	сүңгүү	syŋgyy
versinken (vi)	чөгүп кетүү	ʧøgyp ketyy
Schätze (pl)	казына	kazına

78. Namen der Meere und Ozeane

Atlantischer Ozean (m)	Атлантика мухити	atlantika muχiti
Indischer Ozean (m)	Индия мухити	indija muχiti
Pazifischer Ozean (m)	Тынч мухити	tınʧ muχiti
Arktischer Ozean (m)	Түндүк Муз мухити	tyndyk muz muχiti

Schwarzes Meer (n)	Кара деңиз	kara deŋiz
Rotes Meer (n)	Кызыл деңиз	kızıl deŋiz
Gelbes Meer (n)	Сары деңиз	sarı deŋiz
Weißes Meer (n)	Ак деңиз	ak deŋiz

Kaspisches Meer (n)	Каспий деңизи	kaspij deŋizi
Totes Meer (n)	Өлүк деңиз	ølyk deŋiz
Mittelmeer (n)	Жер Ортолук деңиз	dʒer ortoluk deŋiz

Ägäisches Meer (n)	Эгей деңизи	egej deŋizi
Adriatisches Meer (n)	Адриатика деңизи	adriatika deŋizi
Arabisches Meer (n)	Аравия деңизи	aravija deŋizi

Japanisches Meer (n)	Япон деңизи	japon deŋizi
Beringmeer (n)	Беринг деңизи	bering deŋizi
Südchinesisches Meer (n)	Түштүк-Кытай деңизи	tyʃtyk-kıtaj deŋizi

Korallenmeer (n)	Маржан деңизи	mardʒan deŋizi
Tasmansee (f)	Тасман деңизи	tasman deŋizi
Karibisches Meer (n)	Кариб деңизи	karib deŋizi

| Barentssee (f) | Баренц деңизи | barents deŋizi |
| Karasee (f) | Карск деңизи | karsk deŋizi |

Nordsee (f)	Түндүк деңиз	tyndyk deŋiz
Ostsee (f)	Балтика деңизи	baltika deŋizi
Nordmeer (n)	Норвегиялык деңизи	norvegijalık deŋizi

79. Berge

Berg (m)	тоо	too
Gebirgskette (f)	тоо тизмеги	too tizmegi
Bergrücken (m)	тоо кыркалары	too kırkaları

Gipfel (m)	чоку	tʃoku
Spitze (f)	чоку	tʃoku
Bergfuß (m)	тоо этеги	too etegi
Abhang (m)	эңкейиш	eŋkejiʃ

Vulkan (m)	вулкан	vulkan
tätiger Vulkan (m)	күйүп жаткан	kyjyp dʒatkan
schlafender Vulkan (m)	өчүп калган вулкан	øtʃyp kalgan vulkan

Ausbruch (m)	атырылып чыгуу	atırılıp tʃıguu
Krater (m)	кратер	krater
Magma (n)	магма	magma
Lava (f)	лава	lava
glühend heiß (-e Lava)	кызыган	kızıgan

Cañon (m)	каньон	kanion
Schlucht (f)	капчыгай	kaptʃıgaj
Spalte (f)	жарака	dʒaraka
Abgrund (m) (steiler ~)	жар	dʒar

Gebirgspass (m)	ашуу	aʃuu
Plateau (n)	дөңсөө	døŋsøø
Fels (m)	зоока	zooka
Hügel (m)	дөбө	døbø

Gletscher (m)	муз	muz
Wasserfall (m)	шаркыратма	ʃarkıratma
Geiser (m)	гейзер	gejzer
See (m)	көл	køl

Ebene (f)	түздүк	tyzdyk
Landschaft (f)	теребел	terebel
Echo (n)	жаңырык	dʒaŋırık

Bergsteiger (m)	альпинист	alʲpinist
Kletterer (m)	скалолаз	skalolaz
bezwingen (vt)	багындыруу	bagındıruu
Aufstieg (m)	тоонун чокусуна чыгуу	toonun ʧokusuna ʧıguu

80. Namen der Berge

Alpen (pl)	Альп тоолору	alʲp tooloru
Montblanc (m)	Монблан	monblan
Pyrenäen (pl)	Пиреней тоолору	pirenej tooloru

Karpaten (pl)	Карпат тоолору	karpat tooloru
Uralgebirge (n)	Урал тоолору	ural tooloru
Kaukasus (m)	Кавказ тоолору	kavkaz tooloru
Elbrus (m)	Эльбрус	elʲbrus

Altai (m)	Алтай тоолору	altaj tooloru
Tian Shan (m)	Тянь-Шань	tjanʲ-ʃanʲ
Pamir (m)	Памир тоолору	pamir tooloru
Himalaja (m)	Гималай тоолору	gimalaj tooloru
Everest (m)	Эверест	everest

| Anden (pl) | Анд тоолору | and tooloru |
| Kilimandscharo (m) | Килиманджаро | kilimanʤaro |

81. Flüsse

Fluss (m)	дарыя	darıja
Quelle (f)	булак	bulak
Flussbett (n)	сай	saj
Stromgebiet (n)	бассейн	bassejn
einmünden in …	… куюу	… kujuu

| Nebenfluss (m) | куйма | kujma |
| Ufer (n) | жээк | ʤeek |

Strom (m)	агым	agım
stromabwärts	агым боюнча	agım bojunʧa
stromaufwärts	агымга каршы	agımga karʃı

Überschwemmung (f)	ташкын	taʃkın
Hochwasser (n)	суу ташкыны	suu taʃkını
aus den Ufern treten	дайранын ташышы	dajranın taʃıʃı
überfluten (vt)	суу каптоо	suu kaptoo

| Sandbank (f) | тайыздык | tajızdık |
| Stromschnelle (f) | босого | bosogo |

Damm (m)	тогоон	togoon
Kanal (m)	канал	kanal
Stausee (m)	суу сактагыч	suu saktagıʧ
Schleuse (f)	шлюз	ʃluz

Gewässer (n)	көлмө	kølmø
Sumpf (m), Moor (n)	саз	saz
Marsch (f)	баткак	batkak
Strudel (m)	айлампа	ajlampa

Bach (m)	суу	suu
Trink- (z.B. Trinkwasser)	ичилчү суу	itʃiltʃy suu
Süß- (Wasser)	тузсуз	tuzsuz

| Eis (n) | муз | muz |
| zufrieren (vi) | тоңуп калуу | toŋup kaluu |

82. Namen der Flüsse

| Seine (f) | Сена | sena |
| Loire (f) | Луара | luara |

Themse (f)	Темза	temza
Rhein (m)	Рейн	rejn
Donau (f)	Дунай	dunaj

Wolga (f)	Волга	volga
Don (m)	Дон	don
Lena (f)	Лена	lena

Gelber Fluss (m)	Хуанхэ	χuanχe
Jangtse (m)	Янцзы	jantszı
Mekong (m)	Меконг	mekong
Ganges (m)	Ганг	gang

Nil (m)	Нил	nil
Kongo (m)	Конго	kongo
Okavango (m)	Окаванго	okavango
Sambesi (m)	Замбези	zambezi
Limpopo (m)	Лимпопо	limpopo
Mississippi (m)	Миссисипи	missisipi

83. Wald

| Wald (m) | токой | tokoj |
| Wald- | токойлуу | tokojluu |

Dickicht (n)	чытырман токой	tʃıtırman tokoj
Gehölz (n)	токойчо	tokojtʃo
Lichtung (f)	аянт	ajant

| Dickicht (n) | бадал | badal |
| Gebüsch (n) | бадал | badal |

Fußweg (m)	чыйыр жол	tʃıjır dʒol
Erosionsrinne (f)	жар	dʒar
Baum (m)	дарак	darak

Blatt (n)	жалбырак	dʒalbırak
Laub (n)	жалбырак	dʒalbırak
Laubfall (m)	жалбырак тушуу мезгили	dʒalbırak tyʃyy mezgili
fallen (Blätter)	тушуу	tyʃyy
Wipfel (m)	чоку	tʃoku
Zweig (m)	бутак	butak
Ast (m)	бутак	butak
Knospe (f)	бучур	bytʃyr
Nadel (f)	ийне	ijne
Zapfen (m)	тобурчак	toburtʃak
Höhlung (f)	кендей	køŋdøj
Nest (n)	уя	uja
Höhle (f)	ийин	ijin
Stamm (m)	сенгек	søŋgøk
Wurzel (f)	тамыр	tamır
Rinde (f)	кыртыш	kırtıʃ
Moos (n)	мох	moχ
entwurzeln (vt)	думурун казуу	dymyryn kazuu
fällen (vt)	кыйуу	kıjuu
abholzen (vt)	токойду кыйуу	tokojdu kıjuu
Baumstumpf (m)	думур	dymyr
Lagerfeuer (n)	от	ot
Waldbrand (m)	өрт	ørt
löschen (vt)	өчүрүү	øtʃyryy
Förster (m)	токойчу	tokojtʃu
Schutz (m)	өсүмдүктөрдү коргоо	øsymdyktørdy korgoo
beschützen (vt)	сактоо	saktoo
Wilddieb (m)	браконьер	brakonjer
Falle (f)	капкан	kapkan
sammeln (Pilze ~)	теруу	teryy
pflücken (Beeren ~)	теруу	teryy
sich verirren	адашып кетуу	adaʃıp ketyy

84. natürliche Lebensgrundlagen

Naturressourcen (pl)	жаратылыш байлыктары	dʒaratılıʃ bajlıktarı
Bodenschätze (pl)	пайдалуу кендер	pajdaluu kender
Vorkommen (n)	кен	ken
Feld (Ölfeld usw.)	кендуу жер	kendyy dʒer
gewinnen (vt)	казуу	kazuu
Gewinnung (f)	казуу	kazuu
Erz (n)	кен	ken
Bergwerk (n)	шахта	ʃaχta
Schacht (m)	шахта	ʃaχta
Bergarbeiter (m)	кенчи	kentʃi

Erdgas (n)	газ	gaz
Gasleitung (f)	газопровод	gazoprovod

Erdöl (n)	мунайзат	munajzat
Erdölleitung (f)	мунайзар түтүгү	munajzar tytygy
Ölquelle (f)	мунайзат скважинасы	munajzat skvadʒinası
Bohrturm (m)	мунайзат мунарасы	munajzat munarası
Tanker (m)	танкер	tanker

Sand (m)	кум	kum
Kalkstein (m)	акиташ	akitaʃ
Kies (m)	шагыл	ʃagıl
Torf (m)	торф	torf
Ton (m)	ылай	ılaj
Kohle (f)	көмүр	kømyr

Eisen (n)	темир	temir
Gold (n)	алтын	altın
Silber (n)	күмүш	kymyʃ
Nickel (n)	никель	nikelʲ
Kupfer (n)	жез	dʒez

Zink (n)	цинк	tsınk
Mangan (n)	марганец	marganets
Quecksilber (n)	сымап	sımap
Blei (n)	коргошун	korgoʃun

Mineral (n)	минерал	mineral
Kristall (m)	кристалл	kristall
Marmor (m)	мрамор	mramor
Uran (n)	уран	uran

85. Wetter

Wetter (n)	аба-ырайы	aba-ırajı
Wetterbericht (m)	аба-ырайы боюнча маалымат	aba-ırajı bojuntʃa maalımat

Temperatur (f)	температура	temperatura
Thermometer (n)	термометр	termometr
Barometer (n)	барометр	barometr

feucht	нымдуу	nımduu
Feuchtigkeit (f)	ным	nım

Hitze (f)	ысык	ısık
glutheiß	кыйын ысык	kıjın ısık
ist heiß	ысык	ısık

ist warm	жылуу	dʒıluu
warm (Adj)	жылуу	dʒıluu

ist kalt	суук	suuk
kalt (Adj)	суук	suuk
Sonne (f)	күн	kyn

scheinen (vi)	күн тийүү	kyn tijyy
sonnig (Adj)	күн ачык	kyn atʃık
aufgehen (vi)	чыгуу	tʃıguu
untergehen (vi)	батуу	batuu

Wolke (f)	булут	bulut
bewölkt, wolkig	булуттуу	buluttuu
Regenwolke (f)	булут	bulut
trüb (-er Tag)	күн бүркөк	kyn byrkøk

Regen (m)	жамгыр	dʒamgır
Es regnet	жамгыр жаап жатат	dʒamgır dʒaap dʒatat
regnerisch (-er Tag)	жаандуу	dʒaanduu
nieseln (vi)	дыбыратуу	dıbıratuu

strömender Regen (m)	нөшөрлөгөн жаан	nøʃørløgøn dʒaan
Regenschauer (m)	нөшөр	nøʃør
stark (-er Regen)	катуу	katuu
Pfütze (f)	көлчүк	køltʃyk
nass werden (vi)	суу болуу	suu boluu

Nebel (m)	туман	tuman
neblig (-er Tag)	тумандуу	tumanduu
Schnee (m)	кар	kar
Es schneit	кар жаап жатат	kar dʒaap dʒatat

86. Unwetter Naturkatastrophen

Gewitter (n)	чагылгандуу жаан	tʃagılganduu dʒaan
Blitz (m)	чагылган	tʃagılgan
blitzen (vi)	жарк этүү	dʒark etyy

Donner (m)	күн күркүрөө	kyn kyrkyrøø
donnern (vi)	күн күркүрөө	kyn kyrkyrøø
Es donnert	күн күркүрөп жатат	kyn kyrkyrøp dʒatat

Hagel (m)	мөндүр	møndyr
Es hagelt	мөндүр түшүп жатат	møndyr tyʃyp dʒatat

überfluten (vt)	суу каптоо	suu kaptoo
Überschwemmung (f)	ташкын	taʃkın

Erdbeben (n)	жер титирөө	dʒer titirøø
Erschütterung (f)	жердин силкиниши	dʒerdin silkiniʃi
Epizentrum (n)	эпицентр	epitsentr

Ausbruch (m)	атырылып чыгуу	atırılıp tʃıguu
Lava (f)	лава	lava

Wirbelsturm (m)	куюн	kujɵn
Tornado (m)	торнадо	tornado
Taifun (m)	тайфун	tajfun
Orkan (m)	бороон	boroon
Sturm (m)	бороон чапкын	boroon tʃapkın

Tsunami (m)	цунами	tsunami
Zyklon (m)	циклон	tsıklon
Unwetter (n)	жаан-чачындуу күн	dʒaan-ʧatʃınduu kyn
Brand (m)	өрт	ørt
Katastrophe (f)	кыйроо	kıjroo
Meteorit (m)	метеорит	meteorit
Lawine (f)	көчкү	køʧky
Schneelawine (f)	кар көчкүсү	kar køʧkysy
Schneegestöber (n)	кар бороону	kar boroonu
Schneesturm (m)	бурганак	burganak

FAUNA

87. Säugetiere. Raubtiere

Raubtier (n)	жырткыч	ʤɪrtkɪʧ
Tiger (m)	жолборс	ʤolbors
Löwe (m)	арстан	arstan
Wolf (m)	карышкыр	karɪʃkɪr
Fuchs (m)	түлкү	tylky
Jaguar (m)	ягуар	jaguar
Leopard (m)	леопард	leopard
Gepard (m)	гепард	gepard
Panther (m)	пантера	pantera
Puma (m)	пума	puma
Schneeleopard (m)	илбирс	ilbirs
Luchs (m)	сүлөөсүн	syløøsyn
Kojote (m)	койот	kojot
Schakal (m)	чөө	ʧøø
Hyäne (f)	гиена	giena

88. Tiere in freier Wildbahn

Tier (n)	жаныбар	ʤanıbar
Bestie (f)	жапайы жаныбар	ʤapajı ʤanıbar
Eichhörnchen (n)	тыйын чычкан	tıjın ʧıʧkan
Igel (m)	кирпичечен	kirpiʧeʧen
Hase (m)	коен	koen
Kaninchen (n)	коен	koen
Dachs (m)	кашкулак	kaʃkulak
Waschbär (m)	енот	enot
Hamster (m)	хомяк	χomʲak
Murmeltier (n)	суур	suur
Maulwurf (m)	момолой	momoloj
Maus (f)	чычкан	ʧıʧkan
Ratte (f)	келемиш	kelemiʃ
Fledermaus (f)	жарганат	ʤarganat
Hermelin (n)	арс чычкан	ars ʧıʧkan
Zobel (m)	киш	kiʃ
Marder (m)	суусар	suusar
Wiesel (n)	ласка	laska
Nerz (m)	норка	norka

| Biber (m) | кемчет | kemtʃet |
| Fischotter (m) | кундуз | kunduz |

Pferd (n)	жылкы	dʒılkı
Elch (m)	багыш	bagıʃ
Hirsch (m)	бугу	bugu
Kamel (n)	төө	tøø

Bison (m)	бизон	bizon
Wisent (m)	зубр	zubr
Büffel (m)	буйвол	bujvol

Zebra (n)	зебра	zebra
Antilope (f)	антилопа	antilopa
Reh (n)	элик	elik
Damhirsch (m)	лань	lanʲ
Gämse (f)	жейрен	dʒejren
Wildschwein (n)	каман	kaman

Wal (m)	кит	kit
Seehund (m)	тюлень	tʉlenʲ
Walroß (n)	морж	mordʒ
Seebär (m)	деңиз мышыгы	deŋiz mıʃıgı
Delfin (m)	дельфин	delʲfin

Bär (m)	аюу	ajʉu
Eisbär (m)	ак аюу	ak ajʉu
Panda (m)	панда	panda

Affe (m)	маймыл	majmıl
Schimpanse (m)	шимпанзе	ʃimpanze
Orang-Utan (m)	орангутанг	orangutang
Gorilla (m)	горилла	gorilla
Makak (m)	макака	makaka
Gibbon (m)	гиббон	gibbon

Elefant (m)	пил	pil
Nashorn (n)	керик	kerik
Giraffe (f)	жираф	dʒiraf
Flusspferd (n)	бегемот	begemot

| Känguru (n) | кенгуру | kenguru |
| Koala (m) | коала | koala |

Manguste (f)	мангуст	mangust
Chinchilla (n)	шиншилла	ʃinʃilla
Stinktier (n)	скунс	skuns
Stachelschwein (n)	чүткөр	tʃytkør

89. Haustiere

Katze (f)	ургаачы мышык	urgaatʃı mıʃık
Kater (m)	эркек мышык	erkek mıʃık
Hund (m)	ит	it

Pferd (n)	жылкы	ʤılkı
Hengst (m)	айгыр	ajgır
Stute (f)	бээ	bee

Kuh (f)	уй	uj
Stier (m)	бука	buka
Ochse (m)	өгүз	øgyz

Schaf (n)	кой	koj
Widder (m)	кочкор	kotʃkor
Ziege (f)	эчки	etʃki
Ziegenbock (m)	теке	teke

| Esel (m) | эшек | eʃek |
| Maultier (n) | качыр | katʃır |

Schwein (n)	чочко	tʃotʃko
Ferkel (n)	торопой	toropoj
Kaninchen (n)	коен	koen

| Huhn (n) | тоок | took |
| Hahn (m) | короз | koroz |

Ente (f)	өрдөк	ørdøk
Enterich (m)	эркек өрдөк	erkek ørdøk
Gans (f)	каз	kaz

| Puter (m) | күрп | kyrp |
| Pute (f) | ургаачы күрп | urgaatʃı kyrp |

Haustiere (pl)	үй жаныбарлары	yj ʤanıbarları
zahm	колго үйрөтүлгөн	kolgo yjrøtylgøn
zähmen (vt)	колго үйрөтүү	kolgo yjrøtyy
züchten (vt)	өстүрүү	østyryy

Farm (f)	ферма	ferma
Geflügel (n)	үй канаттулары	yj kanattuları
Vieh (n)	мал	mal
Herde (f)	бада	bada

Pferdestall (m)	аткана	atkana
Schweinestall (m)	чочкокана	tʃotʃkokana
Kuhstall (m)	уйкана	ujkana
Kaninchenstall (m)	коенкана	koenkana
Hühnerstall (m)	тоокана	tookana

90. Vögel

Vogel (m)	куш	kuʃ
Taube (f)	көгүчкөн	køgytʃkøn
Spatz (m)	таранчы	tarantʃı
Meise (f)	синица	sinitsa
Elster (f)	сагызган	sagızgan
Rabe (m)	кузгун	kuzgun

Krähe (f)	карга	karga
Dohle (f)	таан	taan
Saatkrähe (f)	чаркарга	ʧarkarga
Ente (f)	өрдөк	ørdøk
Gans (f)	каз	kaz
Fasan (m)	кыргоол	kɪrgool
Adler (m)	бүркүт	byrkyt
Habicht (m)	ителги	itelgi
Falke (m)	шумкар	ʃumkar
Greif (m)	жору	dʒoru
Kondor (m)	кондор	kondor
Schwan (m)	аккуу	akkuu
Kranich (m)	турна	turna
Storch (m)	илегилек	ilegilek
Papagei (m)	тотукуш	totukuʃ
Kolibri (m)	колибри	kolibri
Pfau (m)	тоос	toos
Strauß (m)	төө куш	tøø kuʃ
Reiher (m)	көк кытан	køk kɪtan
Flamingo (m)	фламинго	flamingo
Pelikan (m)	биргазан	birgazan
Nachtigall (f)	булбул	bulbul
Schwalbe (f)	чабалекей	ʧabalekej
Drossel (f)	таркылдак	tarkɪldak
Singdrossel (f)	сайрагыч таркылдак	sajragɪʧ tarkɪldak
Amsel (f)	кара таңдай таркылдак	kara taŋdaj tarkɪldak
Segler (m)	кардыгач	kardɪgaʧ
Lerche (f)	торгой	torgoj
Wachtel (f)	бөдөнө	bødønø
Specht (m)	тоңкулдак	toŋkuldak
Kuckuck (m)	күкүк	kykyk
Eule (f)	мыкый үкү	mɪkɪj yky
Uhu (m)	үкү	yky
Auerhahn (m)	керең кур	kereŋ kur
Birkhahn (m)	кара кур	kara kur
Rebhuhn (n)	кекилик	kekilik
Star (m)	чыйырчык	ʧɪjɪrʧɪk
Kanarienvogel (m)	канарейка	kanarejka
Haselhuhn (n)	токой чили	tokoj ʧili
Buchfink (m)	зяблик	zʲablik
Gimpel (m)	снегирь	snegirʲ
Möwe (f)	ак чардак	ak ʧardak
Albatros (m)	альбатрос	alʲbatros
Pinguin (m)	пингвин	pingvin

91. Fische. Meerestiere

Brachse (f)	лещ	leʃʧ
Karpfen (m)	карп	karp
Barsch (m)	окунь	okunʲ
Wels (m)	жаян	dʒajan
Hecht (m)	чортон	ʧorton
Lachs (m)	лосось	lososʲ
Stör (m)	осётр	osʲotr
Hering (m)	сельдь	selʲdʲ
atlantische Lachs (m)	сёмга	sʲomga
Makrele (f)	скумбрия	skumbrija
Scholle (f)	камбала	kambala
Zander (m)	судак	sudak
Dorsch (m)	треска	treska
Tunfisch (m)	тунец	tunets
Forelle (f)	форель	forelʲ
Aal (m)	угорь	ugorʲ
Zitterrochen (m)	скат	skat
Muräne (f)	мурена	murena
Piranha (m)	пиранья	piranja
Hai (m)	акула	akula
Delfin (m)	дельфин	delʲfin
Wal (m)	кит	kit
Krabbe (f)	краб	krab
Meduse (f)	медуза	meduza
Krake (m)	сегиз бут	segiz but
Seestern (m)	деңиз жылдызы	deŋiz dʒıldızı
Seeigel (m)	деңиз кирписи	deŋiz kirpisi
Seepferdchen (n)	деңиз тайы	deŋiz tajı
Auster (f)	устрица	ustritsa
Garnele (f)	креветка	krevetka
Hummer (m)	омар	omar
Languste (f)	лангуст	langust

92. Amphibien Reptilien

Schlange (f)	жылан	dʒılan
Gift-, giftig	уулуу	uuluu
Viper (f)	кара чаар жылан	kara ʧaar dʒılan
Kobra (f)	кобра	kobra
Python (m)	питон	piton
Boa (f)	удав	udav
Ringelnatter (f)	сары жылан	sarı dʒılan

| Klapperschlange (f) | шакылдак жылан | ʃakıldak dʒılan |
| Anakonda (f) | анаконда | anakonda |

Eidechse (f)	кескелдирик	keskeldirik
Leguan (m)	игуана	iguana
Waran (m)	эчкемер	etʃkemer
Salamander (m)	саламандра	salamandra
Chamäleon (n)	хамелеон	χameleon
Skorpion (m)	чаян	tʃajan

Schildkröte (f)	ташбака	taʃbaka
Frosch (m)	бака	baka
Kröte (f)	курбака	kurbaka
Krokodil (n)	крокодил	krokodil

93. Insekten

Insekt (n)	курт-кумурска	kurt-kumurska
Schmetterling (m)	көпөлөк	køpøløk
Ameise (f)	кумурска	kumurska
Fliege (f)	чымын	tʃımın
Mücke (f)	чиркей	tʃirkej
Käfer (m)	коңуз	koŋuz

Wespe (f)	аары	aarı
Biene (f)	бал аары	bal aarı
Hummel (f)	жапан аары	dʒapan aarı
Bremse (f)	көгөөн	køgøøn

| Spinne (f) | жөргөмүш | dʒørgømyʃ |
| Spinnennetz (n) | желе | dʒele |

Libelle (f)	ийнелик	ijnelik
Grashüpfer (m)	чегиртке	tʃegirtke
Schmetterling (m)	көпөлөк	køpøløk

Schabe (f)	таракан	tarakan
Zecke (f)	кене	kene
Floh (m)	бүргө	byrgø
Kriebelmücke (f)	майда чымын	majda tʃımın

Heuschrecke (f)	чегиртке	tʃegirtke
Schnecke (f)	үлүл	ylyl
Heimchen (n)	кара чегиртке	kara tʃegirtke
Leuchtkäfer (m)	жалтырак коңуз	dʒaltırak koŋuz
Marienkäfer (m)	айланкөчөк	ajlankøtʃøk
Maikäfer (m)	саратан коңуз	saratan koŋuz

Blutegel (m)	сүлүк	sylyk
Raupe (f)	каз таман	kaz taman
Wurm (m)	жер курту	dʒer kurtu
Larve (f)	курт	kurt

FLORA

94. Bäume

Baum (m)	дарак	darak
Laub-	жалбырактуу	dʒalbıraktuu
Nadel-	ийне жалбырактуулар	ijne dʒalbıraktuular
immergrün	дайым жашыл	dajım dʒaʃıl
Apfelbaum (m)	алма бак	alma bak
Birnbaum (m)	алмурут бак	almurut bak
Süßkirschbaum (m)	гилас	gilas
Sauerkirschbaum (m)	алча	altʃa
Pflaumenbaum (m)	кара өрүк	kara øryk
Birke (f)	ак кайың	ak kajıŋ
Eiche (f)	эмен	emen
Linde (f)	жөкө дарак	dʒøkø darak
Espe (f)	бай терек	baj terek
Ahorn (m)	клён	klʲon
Fichte (f)	кара карагай	kara karagaj
Kiefer (f)	карагай	karagaj
Lärche (f)	лиственница	listvennitsa
Tanne (f)	пихта	piχta
Zeder (f)	кедр	kedr
Pappel (f)	терек	terek
Vogelbeerbaum (m)	четин	tʃetin
Weide (f)	мажүрүм тал	madʒyrym tal
Erle (f)	ольха	olʲχa
Buche (f)	бук	buk
Ulme (f)	кара жыгач	kara dʒıgatʃ
Esche (f)	ясень	jasenʲ
Kastanie (f)	каштан	kaʃtan
Magnolie (f)	магнолия	magnolija
Palme (f)	пальма	palʲma
Zypresse (f)	кипарис	kiparis
Mangrovenbaum (m)	мангро дарагы	mangro daragı
Baobab (m)	баобаб	baobab
Eukalyptus (m)	эвкалипт	evkalipt
Mammutbaum (m)	секвойя	sekvoja

95. Büsche

Strauch (m)	бадал	badal
Gebüsch (n)	бадал	badal

| Weinstock (m) | жүзүм | dʒyzym |
| Weinberg (m) | жүзүмдүк | dʒyzymdyk |

Himbeerstrauch (m)	дан куурай	dan kuuraj
schwarze Johannisbeere (f)	кара карагат	kara karagat
rote Johannisbeere (f)	кызыл карагат	kızıl karagat
Stachelbeerstrauch (m)	крыжовник	krıdʒovnik

Akazie (f)	акация	akatsija
Berberitze (f)	бөрү карагат	børy karagat
Jasmin (m)	жасмин	dʒasmin

Wacholder (m)	кара арча	kara artʃa
Rosenstrauch (m)	роза бадалы	roza badalı
Heckenrose (f)	ит мурун	it murun

96. Obst. Beeren

| Frucht (f) | мөмө-жемиш | mømø-dʒemiʃ |
| Früchte (pl) | мөмө-жемиш | mømø-dʒemiʃ |

Apfel (m)	алма	alma
Birne (f)	алмурут	almurut
Pflaume (f)	кара өрүк	kara øryk

Erdbeere (f)	кулпунай	kulpunaj
Sauerkirsche (f)	алча	altʃa
Süßkirsche (f)	гилас	gilas
Weintrauben (pl)	жүзүм	dʒyzym

Himbeere (f)	дан куурай	dan kuuraj
schwarze Johannisbeere (f)	кара карагат	kara karagat
rote Johannisbeere (f)	кызыл карагат	kızıl karagat
Stachelbeere (f)	крыжовник	krıdʒovnik
Moosbeere (f)	клюква	klʉkva

Apfelsine (f)	апельсин	apelʲsin
Mandarine (f)	мандарин	mandarin
Ananas (f)	ананас	ananas
Banane (f)	банан	banan
Dattel (f)	курма	kurma

Zitrone (f)	лимон	limon
Aprikose (f)	өрүк	øryk
Pfirsich (m)	шабдаалы	ʃabdaalı

| Kiwi (f) | киви | kivi |
| Grapefruit (f) | грейпфрут | grejpfrut |

Beere (f)	жер жемиш	dʒer dʒemiʃ
Beeren (pl)	жер жемиштер	dʒer dʒemiʃter
Preiselbeere (f)	брусника	brusnika
Walderdbeere (f)	кызылгат	kızılgat
Heidelbeere (f)	кара моюл	kara mojʉl

97. Blumen. Pflanzen

Blume (f)	гүл	gyl
Blumenstrauß (m)	десте	deste
Rose (f)	роза	roza
Tulpe (f)	жоогазын	dʒoogazın
Nelke (f)	гвоздика	gvozdika
Gladiole (f)	гладиолус	gladiolus
Kornblume (f)	ботокөз	botokøz
Glockenblume (f)	коңгуроо гүл	koŋguroo gyl
Löwenzahn (m)	каакым-кукум	kaakım-kukum
Kamille (f)	ромашка	romaʃka
Aloe (f)	алоэ	aloe
Kaktus (m)	кактус	kaktus
Gummibaum (m)	фикус	fikus
Lilie (f)	лилия	lilija
Geranie (f)	герань	geranʲ
Hyazinthe (f)	гиацинт	giatsint
Mimose (f)	мимоза	mimoza
Narzisse (f)	нарцисс	nartsiss
Kapuzinerkresse (f)	настурция	nasturtsija
Orchidee (f)	орхидея	orχideja
Pfingstrose (f)	пион	pion
Veilchen (n)	бинапша	binapʃa
Stiefmütterchen (n)	алагүл	alagyl
Vergissmeinnicht (n)	незабудка	nezabudka
Gänseblümchen (n)	маргаритка	margaritka
Mohn (m)	кызгалдак	kızgaldak
Hanf (m)	наша	naʃa
Minze (f)	жалбыз	dʒalbız
Maiglöckchen (n)	ландыш	landıʃ
Schneeglöckchen (n)	байчечекей	bajtʃetʃekej
Brennnessel (f)	чалкан	tʃalkan
Sauerampfer (m)	ат кулак	at kulak
Seerose (f)	чөмүч баш	tʃømytʃ baʃ
Farn (m)	папоротник	paporotnik
Flechte (f)	лишайник	liʃajnik
Gewächshaus (n)	күнөскана	kynøskana
Rasen (m)	газон	gazon
Blumenbeet (n)	клумба	klumba
Pflanze (f)	өсүмдүк	øsymdyk
Gras (n)	чөп	tʃøp
Grashalm (m)	бир тал чөп	bir tal tʃøp

Blatt (n)	жалбырак	ʤalbırak
Blütenblatt (n)	гүлдүн желекчеси	gyldyn ʤelekʧesi
Stiel (m)	сабак	sabak
Knolle (f)	жемиш тамыр	ʤemiʃ tamır

| Jungpflanze (f) | өсмө | øsmø |
| Dorn (m) | тикен | tiken |

blühen (vi)	гүлдөө	gyldøø
welken (vi)	соолуу	sooluu
Geruch (m)	жыт	ʤıt
abschneiden (vt)	кесүү	kesyy
pflücken (vt)	үзүү	yzyy

98. Getreide, Körner

Getreide (n)	дан	dan
Getreidepflanzen (pl)	дан эгиндери	dan eginderi
Ähre (f)	машак	maʃak

Weizen (m)	буудай	buudaj
Roggen (m)	кара буудай	kara buudaj
Hafer (m)	сулу	sulu
Hirse (f)	таруу	taruu
Gerste (f)	арпа	arpa

Mais (m)	жүгөрү	ʤygøry
Reis (m)	күрүч	kyryʧ
Buchweizen (m)	гречиха	gretʃixa

Erbse (f)	нокот	nokot
weiße Bohne (f)	төө буурчак	tøø buurʧak
Sojabohne (f)	соя	soja
Linse (f)	жасмык	ʤasmık
Bohnen (pl)	буурчак	buurʧak

LÄNDER DER WELT

99. Länder. Teil 1

Afghanistan	Ооганстан	ooganstan
Ägypten	Египет	egipet
Albanien	Албания	albanija
Argentinien	Аргентина	argentina
Armenien	Армения	armenija
Aserbaidschan	Азербайжан	azerbajdʒan
Australien	Австралия	avstralija
Bangladesch	Бангладеш	bangladeʃ
Belgien	Бельгия	belʲgija
Bolivien	Боливия	bolivija
Bosnien und Herzegowina	Босния жана	bosnija dʒana
Brasilien	Бразилия	brazilija
Bulgarien	Болгария	bolgarija
Chile	Чили	tʃili
China	Кытай	kıtaj
Dänemark	Дания	danija
Deutschland	Германия	germanija
Die Bahamas	Багам аралдары	bagam araldarı
Die Vereinigten Staaten	Америка Кошмо Штаттары	amerika koʃmo ʃtattarı
Dominikanische Republik	Доминикан Республикасы	dominikan respublikası
Ecuador	Эквадор	ekvador
England	Англия	anglija
Estland	Эстония	estonija
Finnland	Финляндия	finlʲandija
Frankreich	Франция	frantsija
Französisch-Polynesien	Француз Полинезиясы	frantsuz polinezijası
Georgien	Грузия	gruzija
Ghana	Гана	gana
Griechenland	Греция	gretsija
Großbritannien	Улуу Британия	uluu britanija
Haiti	Гаити	gaiti
Indien	Индия	indija
Indonesien	Индонезия	indonezija
Irak	Ирак	irak
Iran	Иран	iran
Irland	Ирландия	irlandija
Island	Исландия	islandija
Israel	Израиль	izrailʲ
Italien	Италия	italija

100. Länder. Teil 2

Jamaika	Ямайка	jamajka
Japan	Япония	japonija
Jordanien	Иордания	iordanija
Kambodscha	Камбожа	kambodʒa
Kanada	Канада	kanada
Kasachstan	Казакстан	kazakstan
Kenia	Кения	kenija
Kirgisien	Кыргызстан	kırgızstan
Kolumbien	Колумбия	kolumbija
Kroatien	Хорватия	χorvatija
Kuba	Куба	kuba
Kuwait	Кувейт	kuvejt
Laos	Лаос	laos
Lettland	Латвия	latvija
Libanon (m)	Ливан	livan
Libyen	Ливия	livija
Liechtenstein	Лихтенштейн	liχtenʃtejn
Litauen	Литва	litva
Luxemburg	Люксембург	luksemburg
Madagaskar	Мадагаскар	madagaskar
Makedonien	Македония	makedonija
Malaysia	Малазия	malazija
Malta	Мальта	malʲta
Marokko	Марокко	marokko
Mexiko	Мексика	meksika
Moldawien	Молдова	moldova
Monaco	Монако	monako
Mongolei (f)	Монголия	mongolija
Montenegro	Черногория	tʃernogorija
Myanmar	Мьянма	mjanma
Namibia	Намибия	namibija
Nepal	Непал	nepal
Neuseeland	Жаңы Зеландия	dʒaŋı zelandija
Niederlande (f)	Нидерланддар	niderlanddar
Nordkorea	Тундүк Корея	tundүk koreja
Norwegen	Норвегия	norvegija
Österreich	Австрия	avstrija

101. Länder. Teil 3

Pakistan	Пакистан	pakistan
Palästina	Палестина	palestina
Panama	Панама	panama
Paraguay	Парагвай	paragvaj
Peru	Перу	peru
Polen	Польша	polʲʃa
Portugal	Португалия	portugalija

Republik Südafrika	ТАР	tar
Rumänien	Румыния	rumınija
Russland	Россия	rossija

Sansibar	Занзибар	zanzibar
Saudi-Arabien	Сауд Аравиясы	saud aravijası
Schottland	Шотландия	ʃotlandija
Schweden	Швеция	ʃvetsija
Schweiz (f)	Швейцария	ʃvejtsarija
Senegal	Сенегал	senegal
Serbien	Сербия	serbija
Slowakei (f)	Словакия	slovakija
Slowenien	Словения	slovenija
Spanien	Испания	ispanija
Südkorea	Түштүк Корея	tyʃtyk koreja
Suriname	Суринам	surinam
Syrien	Сирия	sirija

Tadschikistan	Тажикистан	tadʒikistan
Taiwan	Тайвань	tajvanʲ
Tansania	Танзания	tanzanija
Tasmanien	Тасмания	tasmanija
Thailand	Таиланд	tailand
Tschechien	Чехия	tʃeχija
Tunesien	Тунис	tunis
Türkei (f)	Туркия	tyrkija
Turkmenistan	Туркмения	turkmenija

Ukraine (f)	Украина	ukraina
Ungarn	Венгрия	vengrija
Uruguay	Уругвай	urugvaj
Usbekistan	Өзбекистан	øzbekistan

Vatikan (m)	Ватикан	vatikan
Venezuela	Венесуэла	venesuela
Vereinigten Arabischen Emirate	Бириккен Араб Эмираттары	birikken arab emirattarı
Vietnam	Вьетнам	vjetnam
Weißrussland	Беларусь	belarusʲ
Zypern	Кипр	kipr